Political Effect. 05

벽을 넘어 희망으로

최창현 지음

답

Political Effect. 05 벽을 넘어 희망으로

발 행 일	2024년 01월 04일
1판 1쇄	2024년 01월 04일
펴 낸 곳	도서출판 답
기 획	손현욱
섭 외	강영진
인터뷰어	이쌍규, 강윤아
인터뷰이	최창현
홍 보	이충우
출판등록	2010년 12월 8일 / 제 312-2010-000055호
전 화	02.324.8220
팩 스	02.6944.9077

이 도서의 국립중앙도서관 출판예정도서목록(CIP)은 서지정보 유통지원시스템 홈페이지(http://seoji.nl.go.kr)과
국가자료 종합목록 시스템(http://nl.go.kr/kolisnet)에서 이용하실 수 있습니다.

ISBN 979-11-87229-74-2 03340

값 20,000원

추천사

2013년 여름, 우리는 캘리포니아를 종단하여 데스밸리와 네바다주 라스베이거스로 여행하였는데, 최 회장이 턱으로 슬롯머신 버튼을 두드리는 모습을 보고 감격하여 미국 백인 할머니가 5달러짜리 지폐를 선물하고 가는 모습은 너무 우습기도 하고 신기하기도 해서 놀랐다. 그만큼 중증장애인이 직면하고 있는 조건과 사회적 상황은 물리적 형편 이상으로 심각하다. 이런 장벽들을 허물기 위해 끊임없이 노력하고 시위하는 그는 지금 연간 2억 원 이상의 예산을 쓰는 기관의 장이 되었고, 5개 시설을 추가로 운영한다. 우리는 워싱턴 주 시애틀과 캐나다 밴쿠버를 여행했고 캘리포니아 버클리 IL 센터와 서로 교류하고 보건센터에서 동시통역으로 연설했다. 의견을 교환하고 토론했다. 필리핀 케손시티의 자립 생활센터와도 오래 교류했고 지금도 친밀한 관계를 유지하고 있고 돕고 있다.

최창현 회장과의 인연은 두 사람이 대명동 연구실을 방문함으로써 시작되었고 그로 인해 나는 장애인 대학원 제자들을 많이 양성하게 되었다. 휠체어 장애인이라는 점과 유럽, 일본, 미국 종단 이유가 세상 밖으로 나가 나를 알리는 것이다. 사람을 좋아한다는 면, 용기와 신념은 나와 닮았다. 대구대 정문 앞에서 손수레에 무언가를 올려놓고 장사하는 모습이 유난히 안쓰럽고 인상적이었다. 내가 어릴 때 새길 시장 주변에서 온통 뒤틀린 몸으로 나이 들어서까지 고무줄 파는 뇌성마비 장애인을 연상시켰다.

최창현 회장과의 사회활동과 나의 교수 생활은 상당히 겹치는데, 이후에도 경찰서 사복형사들이 내가 그의 배후가 아닌지 궁금해하기도 했고 데모를 일삼는 그에 대해 불평했다. 데모와 농성은 자신과 중증장애인의 처참한 현실을 알리는 홍보 도구였다. 장애인 멸시와 천대, 그리고 무시로 일관되는 사회풍토에 대한 도전과 극복의 사례였다. 말보다는 실천으로 행동하는 전동휠체어를 운전하는 청년의 도움을 받는 용감 무상한 그를 응원하며 자서전적 책의 출간과 비례대표 출사표를 기뻐하며 환영하고 축하한다.

– 이달엽 *前 대구대학교 직업재활학과 교수*

중증의 장애를 갖고 있으며, 장애인 정책에 관심을 두고 개선을 위한 운동에 온몸을 던지며, 실천부문은 물론 장애에 대한 사회적 잣대의 변화를 직접 끌어내는 '행동가'라는 것이 여러 사람이 전하는 최창현 선생에 대한 평가이다.

최창현 선생은 지역 내에서는 '장애 운동가'로, 전 세계에서는 '장애 극복의 도전가'로 살아왔다. 그와 내가 만나게 된 것은 2004년의 '아시아복지재단의 이전사업 대구 남구 봉덕동에서 수성구 시지동으로 이전한 지 40여 년에 이르는 '자유원'은 넓지 않은 부지(2,500여 평)에 특수학교와 중증장애인 거주 시설, 보호작업장과 사회복지관 및 어린이집이 밀집되어 건축됨으로써 거주인과 이용자들은 큰 불편을 감수할 수밖에 없었으며, '아시아복지재단'의 이전사업은 사회복지관과 어린이집 등 지역사회시설은 시지동에 더 넓은 공간으로, 그 외 시설은 동구로 옮겨 넓은 부지(1만평 이상)에 보다 쾌적하고 편리한 환경을 조성한다는 계획이 '아시아복지재단 이전사업'이었다.

'덕분이었다. 여러 장애인복지시설이 이전하는 사업이었고, 그 평가금액으로 300억가량 되었으니 당시로는 관심을 끌기에 충분했던 모양이다. 2004년 초부터 시작된 이 사업은 다음

해인 2005년 '장애인의 날(4월 20일) 즈음하여 장애 식구들의 이사가 시작될 무렵부터 지역의 40여 개의 사회단체가 연합하여 이전사업을 대상으로 사회적 이목을 끌기 위한 여러 행동을 전개했으며, 그 행동 하나하나의 무고와 음해마저 일감이라 생각하고 대처해나가고 있을 때였다. 위의 여러 사회단체와는 별도로 독립적으로 수차례에 걸쳐 법인 입구에서 시위를 펼치던 단체로부터 연락이 왔다. 이전사업을 설명해 달라는 것이었다. 그리하여 이루어진 것이 최창현 선생과의 첫 만남이었다.

최창현 선생과 운동가들로부터 여러 의견을 주고받은 후, 저희는 '일'이 아닌 '사람이 살아가는 이야기'를 나눌 시간을 가질 수 있었다. 장애로 인해 능숙하거나 현란한 언어를 구사하기 어려운 그였지만, 자신의 철학과 투쟁, 세상을 보는 시각, 세상을 향해 던지는 그의 외침, 그리고 그의 눈에 비치는 나에 관해 들을 수 있었던 귀중한 시간이었다. 단지 장애의 유무, 그리고 20년쯤의 나이 차가 다를 뿐, 나와 최창현 선생은 같은 곳에서 같은 일감으로, 같은 주장과 같은 바람으로 치열하게 오늘을 살아가고 닮은 꼴 인간이었음을 확인하는 시간이었다. 그날 만남 뒤에는 서로의 운동방식에 관한 구체적 조언까지 지적할 정도의 친밀감을 느꼈던 것으로 기억한다. 장애로 인해 힘겹게 쥐어 짜내는 듯 끄집어내는 그의 단어 몇 개를 통해, 그의 말 한마디 한마디가 쉽게 '진심'임을 확인할 수 있는 '최창현의 무기'였던 것으로 기억한다.

최창현 선생을 표현하는 여러 단어가 있다. 쉽게 그를 표현하기 위한 단어도 있고, 때로는 그를 추앙하는 수식어들도 있다. 그러나 나에게 그는 치열하게 하루하루를 살아가는 '장애운동가'이며 '실천가'이며, 경우를 아는 '후배'이다. 그것이 내가 최창현을 "존중을 넘어 존경하는 이유"이다.

- 강영신 아시아복지재단 이사장

세상은 참으로 요지경처럼 별별 일이 많고 어처구니없는 일도 꽤 일어나고는 하지만, 놀랍게도 최창현 대표가((사) 밝은내일 IL 종합지원센터 대표) 두 번째 책을 내는데 추천사를 보내달라는 부탁을 받았다. 정말 놀랍고 대단한 일이며, 자랑스럽고, 함께하는 모든 이들에게 깊은 고마움을 전하고 싶습니다.

1996년부터 시작한 건널목 턱 낮추기 활동에서부터 이미 대구 경북지역은 물론이고, 서울 광화문광장 1인 휠체어 시위를 여러 차례 비롯하여, 기네스북에도 올라가 있고 세계적인 명성을 가진 '특별한 장애인 최창현 님'을 모르는 사람은 거의 없을 것이고, 그 주변에서 손발이 되어주고 온갖 도움을 선사하는 천사 같은 사람들이야말로 얼마나 감동을 안겨주는 이들인가? 가슴이 뜨거워지면서 곧 훈훈해지고는 합니다.

인터뷰어 이쌍규 님, 강윤아 님의 내용 중에 이런 말이 나옵니다. "너는 몸이 장애라도 다른 사람이 할 수 없는 것을 가지고 있으니, 계속 그 좋은 장점을 살리라고 말하고 싶습니다." "장애는 장애물이 아니라, 새로운 것에 도전할 기회를 부여받은 사람이다. 장애는 도전이다. 포기하지 않고 끝까지 나아가라. 꿈은 꿈으로만 끝나지 않고, 언젠가 반드시 이뤄진다. 너의 '호기심'은 자신을 탐구하게 하였고, 도전하게 했다. 그리고 실의에 빠진 사람들에게 용기와 희망을 선물해라. 너의 도전을 본 누군가가 다시 일어설 용기를 가질 수 있기를 소망해라"

얼마나 당당하고 뜻깊은 생각과 말입니까? 어떠한 장애라도 "다른 사람이 할 수 없는 것을 가지고 있으니, 계속 그 좋은 장점을 살리라고" 말하고 "장애는 도전이다. 포기하지 않고 끝까지 나아가라. 꿈은 꿈으로만 끝나지 않고, 언젠가 반드시 이뤄진다."라는 것은 모든 이에게 새로운 신념과 희망을 불러일으키는 엄청난 힘을 얻게 하는 좋은 이야기, 즉 덕담이 되는 것입니다.

〈벽을 넘어 희망으로〉 이 책은 온갖 장애의 벽을 넘어서 희망에 나라로 들어서는 사람들을 위한 좋은 길잡이가 될 것이고, 장애인들뿐 아니라 어려움에 부닥친 모든 이에게도 힘과 용기를 불러일으키는 훌륭한 지침서가 되어줄 것 같은 느낌이 드는 매우 마음에 와닿는 책이라는 생각을 가져 봅니다.

태어나면서부터 뇌성마비 증세로 시작된, 자유롭지 못한 몸이지만 성품은 우리 민족의 고유한 '은근과 끈기'를 지니고, 정직함까지 함께 품고 태어난 것 같은 생각이 들고 그 정직함이 주위 사람을 감동케 함으로써 "좋은 이웃들"을 끌어모을 수 있었고 그들과 꾸준히 오늘까지도 더불어 즐겁게 지내고 있는 것이지요.

이경자 사무국장과 지금까지도 가깝게 지내는 많은 이들이 "참된 동지"가 되어 서로 돕고 보살피며 때로는 천사 같은 마음으로 각종 시위와 투쟁을 함께 하는 것도, 다양한 행사나 기

넘식도 다 같이 치르는 것도 그 "좋은 이웃들"과 이미 한마음 한뜻으로 뭉쳐 있기 때문이라는 생각을 하고 있습니다.

이 책 한 권이 널리 멀리 펼쳐져 우리나라에서부터 퍼져 세계적으로 알려지기를 바라고, 인류 사회 인권운동, 권익 옹호, 베리어 프리 (barrier free) 활동 등에도 발전을 가져오는 역할을 했으면 좋겠고, 더욱 많은 이들이 읽고, 특히 시각장애인을 위한 점자책으로도 출간되어 폭넓게 알려지기를 바랍니다. 고맙습니다.

- 이필립 (사) 장준하 기념사업회 고문

최창현 대표는 초기 장애인 운동을 시작할 때부터 잘 알고 있는 동지입니다. 그는 항상 생각이 바른 사람입니다. 그는 권력보다 국민을 먼저 생각합니다.

그는 사회적 강자보다는 소외된 사회자 약자를 존중합니다. 그는 국민에게 말과 행동이 같은 언행일치의 장애인 운동을 했습니다. 그는 말로만 하지 않고, 행동으로 실천합니다. 이것이 그를 오랫동안 지켜 본 저의 솔직한 생각입니다. 그의 비례대표 출마 도전을 적극 지지합니다. 전문성이나 대표성 없이 감동적인 사연 중심의 인물을 비례대표로 선출할 것이 아니라, 신정으로 장애인세를 내변할 수 있는 인물을 내세워야 합니다. '단체장에서 현장 전문가로', '경증장애에서 중증장애로' 변화해야 합니다. 장애인 비례대표가 단순한 약자 구색 갖추기가 아니라, 장애인을 위한 비전과 함께 그 실행을 위한 구체적인 방안을 제시할 수 있는 역량을 갖춘 장애인으로 영입되어야 합니다. 최창현 대표의 능력을 보여줄 때입니다. 다시 한번 출판기념회를 진심으로 축하드립니다.

- 이재용 前 환경부 장관

최창현 대표의 출판기념회를 축하합니다. 최창현 대표는 대구를 장애인 편의시설개선의 메카로 만든 배리어 프리(barrier free) 운동의 선구자입니다. 장애인만의 문제가 아니라, 비장애인의 사회적 약자를 함께 공생 연대하는 사회·문화 운동을 전개했습니다. 그는 '장애'란 혐오나 동정과 같은 부정적인 의미가 아니라, 장애는 도전이라고 생각하는 긍정적인 마음가짐을 가진 사람입니다. 그가 장애인 편의시설개선을 촉구한 곳은 한두 곳이 아닙니다. 대구 전 지역에 그의 헌신과 노력의 땀이 깃들여 있습니다. 그는 저상버스 운동을 처음으로 시작한 도전과 혁신을 추구하는 장애인 사회운동가입니다. 그는 좀처럼 장애인 시설의 불의와 타협하지 않습니다. 그는 속 깊은 합리적 진보주의자입니다. 진영논리의 장애인 정책이 아니라, 장애인의 미래를 위해 새로운 도전에 나선 그의 도전과 열정에 지역 정치인으로서 많은 격려를 보냅니다.

- **강대식** 국민의힘 대구 동구을 국회의원

이쌍규

정치평론 및 여론조사 전문가로 ㈜리서치넷 대표이사, 대구보건대 사회복지학과 겸임교수, 참여정부 초대 교육인적자원부 부총리 비서관, ㈜ GIG(Global Investment Group) 대표이사, 팟캐스트 〈나친박〉 진행자 및 책임연출(CP), 〈신넘버 쓰리〉 방송기획 및 제작, 스마트 미디어 N 방송본부장 등을 역임했다. 현재 작가 및 영화 기획자로 활동 중이다. 공중파 방송 활동으로는 TBN 교통방송 "이쌍규의 통계로 본 세상"을 진행하였고, 저서로는 『여론조사 SPSS로 단숨에 끝내기』(길벗, 1998), 『SPSS를 활용한 여론조사』(삼우사, 2002), 『마케팅 통계실무』(부산광역시교육청, 2008),『역사 라디오 조선1』(글과생각, 2015) 등이 있다. 또한 인터뷰어(interviewer)로 참가한 정치 대담집은 『Political Effect. 1 달려라, 김웅』,『Political Effect. 2 이용우의 플랜』,『Political Effect. 3 김선동의 동문동답』(답, 2023)『Political Effect. 4 미래보수 황시혁』(답, 2023)등이 있다.

강윤아

동덕여자대학교에서 영어과를 전공하고 강북구청, 의왕시청, 피엠지 스포츠에서 방송을 진행했다. 프리랜서 아나운서이며, 진로 및 스피치 강사이다.

• 본 인터뷰 대담은 최창현 대표의 신체적 상황을 고려하여, 수차례에 걸쳐 인터뷰를 진행하였습니다. 많은 이해와 관심을 부탁드립니다.

프롤로그

장애인 출현율 5.39%. 장애인 가족 등을 포함한다면, 장애인 관계자는 전체 인구의 15%를 차지하고 있다. 장애인, 어르신, 임산부를 위한 편의 증진법과 장애인 차별금지법, 장애안 고 촉진 및 직업재활법 등 우리 사회에 해결해야 할 장애인의 정 책적 의제(agenda)가 너무 많다. 그러나 이러한 정책적 과제를 수행할 장애 정치인은 턱없이 부족하다. 2016년 제20대 총선에서 장애인 비례대표 국회의원은 단 한 명도 배출되지 못했다. 약 50명의 장애 당사자가 출사표를 던졌지만, 공천받지 못했거나 낙선했다. 제17대 국회부터 이어져 오던 장애 당사자 정치인의 명맥이 끊겼다. 제21대 국회 기준으로 살펴보면, 장애 당사자 의원은 네 명이다. 국민의힘 이종성, 김예지, 지성호, 민주당 최혜영 국회의원들이다.

장애인의 현실 및 인터넷 정치참여에 영향을 미치는 요인들은 다음과 같다.[1] 첫째, 장애인의 인터넷 정치참여에 영향을 미치는 요인으로는 종교와 거주 지역으로 나타났다. 둘째, 장애인의 현실정치 참여에는 장애 유형과 장애 원인이 영향을 미치고 있었다. 셋째, 장애인의 현실정치 참여에는 장애인단체 소속, 장애 정체감, 정치 효능감이 긍정적인 영향을 미치는 것으로 나타났다. 결과적으로, 장애인 정치참여를 확대하기 위해서는 장애인의 이동권과 접근권의 확보, 장애인단체의 역할지원과 장애인 정치 할당제의 제도화와 관련된 특화된 서비스와 정책적인 마련이 시급함을 알 수 있다.

국회의원 선거, 광역·기초의회 선거에 여성 할당제처럼, 장애인 할당제의 법제화를 시급히 마련해야 한다. 지난 제21대 총선에서 자체적으로 비례대표 명부에 장애인 할당 원칙을 적용한 정당은 정의당이 유일했으나, 장애인 후보가 당선되지는 못했다. 단순히 숫자만 맞추는 할당제에서 그친다면, 제20대 총선처럼 장애인 후보를 당선권 밖에 배치해 '구색 맞추기의 쇼'로 전락할 수 있다. 장애가 있는 비례대표 후보를 당선 안정권 안에 우선 배치해야 한다.

---

1   장애인 정치참여 영향요인에 관한 연구. 곽지영. 서울여자대학교 사회복지연구센터 2011.12. 사회복지실천10권 5-26(22pages) 인용

비례대표 후보 선정은 전문성이나 대표성 없이 감동 스토리 중심의 인물을 비례대표로 선출할 것이 아니라, 진정으로 장애인계를 대변할 수 있는 인물을 내세워야 한다. **'복지에서 문화로', '남성 중심에서 여성 중심으로', '단체장에서 현장 전문가로', '경증장애에서 중증장애로'** 변화해야 한다. 장애인 비례대표는 장애인계를 잘 알아야 하고, 전문성과 도덕성이 있는 인물이어야 한다. 장애인복지의 노동정책·노령 장애인 정책 등 새로운 콘텐츠로 승부를 걸 수 있는 새로운 인물이 영입되어야 한다.

'장애'는 '비정상'이 아니라 '다름'이다. 다름의 다양성 있는 공생사회를 만들기 위해서는 장애인 정치세력화를 적극적으로 구축해야 한다. 이를 위해 국가가 장애인의 정치 교육을 일상적으로 접근할 수 있도록 도와주어야 한다. 장애인이 자기 뜻을 구체화하는 방법과 정치 이론을 습득시켜야, 장애인의 정치적 진출을 더욱더 확대할 수 있을 것이다.

최근 전국장애인차별철폐연대(전장연)의 지하철 출근길 시위는 철저히 무시당하고 외면받아온 우리 사회의 최대 약자인 중증장애인들이 비난과 조롱을 무릅쓰고 행한 최후의 몸부림

이자, 저항이다. 억압받는 이들이 자원으로 삼을 수 있는 것은 자신의 '몸' 뿐이다. 적어도 정치인들은 그들의 처절한 몸짓을 보며 '오죽하면 저럴까!' 먼저 그들의 이야기를 가슴속으로 먼저 들어주어야 한다. 혐오의 정치를 중단해야 한다. 서로의 존중이 소통의 시작이다. 정치의 목적은 통합이다. 통합의 시작은 상호인정이다.

통합을 주도할 정치인들은 지체 장애인 가수 클론의 강원래가 부른 '소외된 외침' 노래 가사를 다시 한번 진솔하게 성찰할 필요가 있다.

"손님 여러분께 불편을 끼쳐 드려 대단히 죄송합니다.
아, 이거 시민들을 볼모로 이렇게 해도 되는 거예요?
아저씨 무슨 말을 그렇게 합니까? 당신은 30분 늦을 뿐이잖아.
평생을 이렇게 사는 사람도 있는데….

이보쇼! 당신이 하고 있는 평범한 일상의 일들 나도 한번 해보고 싶소.
친구도 만나고 공부도 하고 싶고,
사랑도 하고 사랑에 울고 웃고,

당신이 하는 평범한 고민도 나도 한번 해보고 싶소.

TV와 라디오는 내 친구고 내가 아는 사람들은 전부 연예인 뿐이요.
이대로 우린 살 순 없소. 이대로 이대로 이대로!
이대로 우린 살 수 없소. 이대로 난 이렇게 난!"

– 인터뷰어 이쌍규 씀

1부 나는 장애인이 아니라, 국민입니다

2부 벽을 넘어서 희망으로

3부 장애는 또 다른 도전이다

4부 끊임없는 도전, 집념의 화신

나는 장애인이 아니라, 국민입니다

"장애인 편의시설 개선은 배리어 프리(barrier free) 운동입니다.
고령자나 장애인들도 살기 좋은 사회를 만들기 위해
물리적·제도적 장벽을 허물자는 운동입니다.

사람들이 저의 활동을 쉽게 보기에는
'장애인 편의시설 개선 운동'으로 보이지만,
실제로는 분리·차별문화 철폐 운동입니다.

장애인만의 문제가 아니라,
비장애인의 사회적 약자를 함께 공생 연대하는
사회·문화운동입니다.
감성과 시혜적인 운동이 아니라,
사회적 약자의 당당한 권리보장 운동입니다."

최창현 대표와 첫 만남

강윤아 전동휠체어를 입으로 조종해서 우리나라는 물론 일본, 북아메리카 유럽횡단을 하여 기네스북에도 오른 것으로 유명한 최창현 대표님의 장애인 인권과 시민운동가로서의 솔직한 이야기를 들어보고자 합니다. 간단히 자기소개부터 해주시지요?

최창현 저는 태어날 때 신체적으로는 팔과 다리를 쓸 수 없는 장애를 갖고 태어났습니다. 그러나, 장애를 갖고 태어난 것에 대해, 부모님이나 그 누구도 원망한 적이 없었습니다. 생뚱맞게도 나의 장애는 또 하나의 특별한 능력이라고 생각하며 살아왔습니다. 아무것도 할 수 없

는 '불가능'이 아니라, 불가능을 '가능'하게 만드는 삶
의 원동력이라고 생각했습니다.

많은 사람에게 마음의 희망과 용기를 줄 수 있는 0.1%
로의 가능성이 있어도, 100%의 성공으로 만들어 낼 수
있는 자신감이 충만한 사단법인 밝은내일 IL 종합지
원센터(이하 '밝은내일센터')[2] 대표이자, 한국 배리어 프리

---

2 중증장애인 자립 생활 (IL)을 지원하는 사단법인이다. 지원센터의 주요 사
업은 동료 상담, 권익 옹호, 자립 생활 기술훈련, 정보제공, 배리어 프리 활동,

벽을 넘어 희망으로

(BARRIER FREE) 연구소[3] 소장 최창현입니다.

강윤아 죄송하지만, '선천성 뇌병변 1급 중증장애'는 어떤 장애 상태인가요?

최창현 간단하게 설명하자면, 태어날 때부터 뇌 안에 운동신경이 마비되어 팔과 다리를 내 의지대로 자유롭게 움직이지 못하고, 언어장애도 같이 가진 뇌성마비 장애입니다. 손과 발을 전혀 사용하지 못합니다. 사용할 수 있는 것이라고 입밖에 없습니다.

강윤아 손과 발을 전혀 사용하지 못하고 사용할 수 있는 것은 입밖에 없다고 하셨는데, 그러면 의식주 생활에서는 누구의 도움을 받습니까?

인식개선, 보장구 수리 및 기타 지원, 작업 능력개발, 해외 IL 운동전파, 다문화 가정지원, 아동 지원, 탈시설 자립 지원, 사례관리, 장애인 활동 지원 사업 등이 있다.

3 한국 배리어프리 연구소는 편의시설 관련법 개정 활동, 바람직한 편의시설 설치 자문, 점포 턱 없애기 · 경사로 설치 운동, 편리한 장애인 화장실 연구 및 자문, 안전한 보행로 · 바람직한 점자블록 설치 자문 등을 수행한다. 또 사무실에는 장애인 화장실 견본도 설치해 장애인 화장실을 제대로 설치할 수 있도록 안내한다.

최창현 손과 발을 전혀 사용하지 못하기 때문에, 24시간 저를 보호해주는 '장애인활동지원사[4]'가 4명 있습니다. 장애인 활동 지원사의 도움 없이는 먹고 마시고, 생리적으로 배출하는 일이 불가능합니다. 저의 동반자이자, 가족들입니다.

강윤아 말씀이 조금 어둔하신데, 타인과의 의사소통은 어떻게 하시는지요?

최창현 말이 조금 어둔해도, 의사소통에는 전혀 문제가 없습니다. 단지, 그 표현의 전달력이 남들보다 조금 느릴 뿐입니다. 느리게 길을 걸어간다고, 길을 잃어버린 것이 아닌 이치와 같습니다. 소통에는 전혀 문제가 될 것이 없습니다.

---

4 '장애인활동지원사'는 2007년부터 시작된 장애인 활동 지원 제도의 하나로 중증장애인들의 독립적인 생활과 사회 참여를 돕는 직업이다. 이들은 장애인의 일상생활 및 사회활동을 지원하며, 장애인이 요청한 시간에 활동 지원을 제공하여 자립 생활을 지원한다. 이 직업은 신체적, 정신적 어려움을 겪는 장애인들에게 신체 활동, 가사 지원, 사회활동 등을 제공하는 역할을 한다. 최근에 '장애인활동보조인' 명칭이 '장애인활동지원사'로 변경되었다.

거대한 문턱 절벽 세상,
장애인 편의시설개선 운동

강윤아   장애인 편의시설개선 운동에 관해 자세히 설명해주세요.

최창현   배리어 프리(barrier free)[5]입니다. 고령자나 장애인들도 살기 좋은 사회를 만들기 위해 물리적 · 제도적 장벽을 허물자는 운동이지요. 1974년 국제연합 장애인 생활환경전문가 회의에서 '장벽 없는 건축 설계(barrier free

---

5 장애인 및 노인 등 사회적 약자들이 편하게 살아갈 수 있게 물리적인 장애물, 심리적인 벽 등을 제거하자는 운동 및 정책을 말한다. 영문을 직역하자면 장벽(barrier)으로부터 자유롭게 하자는 의미이다. 이와 비슷한 단어로는 스텝 프리 엑세스(step-free access)가 있다. 이 경우에는 영국 철도에서 장애인들도 역을 자유롭게 이용할 수 있게 설계하는 것을 말한다.

design)'에 관한 보고서가 나오면서, 건축학 분야에서 사용되기 시작하였습니다. 이후 일본·스웨덴·미국 등 선진국을 중심으로 휠체어를 탄 고령자나 장애인들도 비장애인과 다름없이 편하게 살 수 있게 하자는 뜻에서 주택이나 공공시설을 지을 때 '문턱을 없애자'라는 운동을 전개하면서 세계 곳곳으로 확산하였습니다.

2000년 이후에는 건축이나 도로·공공시설 등과 같은 물리적 배리어 프리뿐 아니라, 자격·시험 등을 제한하는 제도적 법률적 장벽을 비롯해 각종 차별과 편견, 나아가 장애인이나 노인에 대해 사회가 가지는 마음의 벽까지 허물자는 운동의 의미로 확대 사용되고 있습니다.

휠체어를 타고 집을 나서면 건널목 턱, 가게 턱 등 때문에 장애인이 다니기가 매우 힘들고 불편합니다. 이러한 사회 불편한 시설들을 관계 당국에 개선을 요구하는 활동입니다. 휠체어를 타거나 클러치를 짚거나, 이런 사람이 장애가 아니라, 문 바깥에 나왔을 적에 턱이나 장애인을 생각하는 편견의식이 장애이지, 정작 휠체어를 타는 장애인이 장애가 아니라는 것입니다.

벽을 넘어 희망으로

조금 더 쉽게 말하자면, 어떤 출입구에 5cm 턱 하나가 장애이지, 그 턱 하나 때문에 휠체어를 탄 장애인이 그 시설을 이용 못 하는 것이 장애가 아니라는 뜻입니다. 아직도 장애인이 거리를 나가면 점포에는 턱과 계단이 있어 카페에 가서 커피 한 잔 마시기 어려운 실정입니다. 장애인과 이동 약자들이 차별받지 않는 쾌적한 도시환경을 만들기 위해서 지자체의 정책과 조례를 만들게 할 뿐만 아니라, 시민들의 인식을 전환할 수 있도록 최선의 노력을 해야 합니다.

사람들이 저의 활동을 '장애인 편의시설개선 운동'으로 생각할 수 있지만, 실제로는 분리 · 차별문화 철폐 운동입니다. 장애인만의 문제가 아니라, 비장애인의 사회적 약자를 함께 공생 연대하는 사회 · 문화운동입니다. 감성과 시혜적인 운동이 아니라, 사회적 약자의 당당한 권리보장 운동입니다.

강윤아   1996년부터 시작한 건널목 턱 낮추기 활동에 관해 알려주세요.

최창현   모두가 이용하기 편해지기 위해 하는 활동입니다. 휠체어를 타는 장애인뿐만 아니라, 유모차, 지팡이를 짚거나 보행기를 미는 어르신분들을 위해서 턱 낮추기 운동을 전개했습니다.

31년 만에 세상 밖으로 나와 보니 부딪히는 게 모두 장애물이었습니다. 건널목의 턱이 높아서 휠체어 바퀴가 걸려서 넘어갈 수가 없고, 모든 가게는 출입구에 계단이 있어서 들어갈 수가 없고, 당시에는 장애인 화장실도 없었습니다. 장애인 화장실이 있다고 해도 휠체어가 들어갈 수 없는 좁은 화장실이었습니다. 그렇다가 보니 건널목의 턱을 줄자로 재어서 턱이 2cm를 초과하는 턱들은 모두 구청에 공문을 보내어 개선을 요구했습니다.

이쌍규 구청에서는 공문을 받으면 잘 조치해 주던가요?

최창현 예, 대부분 구청의 건설과에서는 개선 조치를 잘해주었습니다.

이쌍규 주로 관공서나 공공기관에는 어떤 편의시설에 문제를 제기했나요?

최창현 제일 먼저 한 것은 장애인 편의 증진법의 법적인 규격에 미치지 못하는 가파른 경사로, 좁은 화장실, 좁은 복도 등을 지적했습니다. 그 다음으로 법적인 최소규격대로 건축하게 되면 우리 장애인들이 이용하기가 불편합니다. 그래서 법의 최소규격대로 짓지 말고, 장애인이 이용하기 편리한 규격대로 건축할 것을 요구했습니다. 예를 들자면, 출입문의 너비가 예전에는 최소

80cm였고, 지금은 개선되어 최소 90cm입니다. 그러면 우리는 출입문의 너비를 1m 이상을 하도록 요청을 하는 거죠.

경사로의 법적 최소너비는 1m 20cm인데, 이 너비대로 경사로를 시공하면 휠체어를 타는 장애인과 활동지원사가 같이 지나갈 수가 없어요. 그래서 적어도 1m 35cm 이상 넓게 만들 것을 공공기관에 요구했습니다.

장애인 화장실이 문제가 가장 심각했습니다. 애초에 법이 제정될 때 장애인 화장실의 크기는 너비 1m, 깊이 1.8m 크기였는데 이 크기는 수동휠체어를 타는 사람이면 겨우 들어갈 수 있는 크기인 거죠. 전동휠체어가 들어가면 깊이가 모자라서 문이 닫히지 않았습니다. 그래서 장애인 화장실의 법적 최소크기를 더 넓혀야 한다고 복지부에 민원을 많이 넣었습니다. 그래서 너비 1.4m, 깊이 1.8m로 개정되었고, 다시 이 크기도 전동휠체어가 들어가면 문이 닫히지 않아서 또다시 문제를 제기해서 현재는 너비 1.6m 깊이 2.0m가 장애인 화장실의 대변기 법적 최소크기입니다.

벽을 넘어 희망으로

이쌍규 비장애인에게는 화장실 가는 게 쉬운 일이지만, 장애인에게는 화장실이 좁다면 정말 힘들 것 같네요.

최창현 저는 공공기관에 장애인 대변기 칸을 법적 최소크기로 하지 말고, 2.5m X 2.5m 크기로 크게 만들어달라고 항상 요구하고 있습니다. 그래서 대구에서 신축한 구청이나 경찰서 등의 장애인 화장실은 대부분 2m X 2.1m 이상으로 BF인증 최우수 등급의 크기인데, 우리 단체에서 많이 요구한 것이 그나마 반영된 결과라고 생각합니다.

장애인 화장실 얘기만 나오면 할 말이 많습니다. 장애인 화장실을 일반화장실 안에 넣게 되면 성별이 다른 장애인과 도우미가 같이 이용할 수 없게 됩니다. 그래서 출입문을 별도로 만들도록 요청하고 있지요. 미국이나 북유럽은 장애인 화장실을 남녀 구분하지 않고 장애인 누구나 이용이 가능한 화장실로 2개를 만들어요. 일본도 2010년부터 지하철 화장실 입구에 '모두화장실'을 양쪽 두 개 설치하고 있습니다. 그래서 장애인뿐만 아니라 노약자, 어린이, 가족 등도 이용할 수 있게 되어 있는데, 저는 우리나라도 생각이 좀 더 바뀌길 기대합니다.

최근에 우리 단체가 여행을 가면서 고속도로 휴게소를 이용했었는데, 여자 장애인 화장실은 비어 있었는데 남자 장애인 화장실은 휠체어 장애인 세 사람이 줄을 서서 이용한다고 시간이 오래 걸린 적이 있었거든요. '모두화장실'로 만들었다면 모든 장애인 화장실을 다 이용할 수 있었을 텐데 말입니다.

이쌍규 특별히 자랑할 만한 관공서가 있나요?

최창현 제가 살고 있고, 우리 단체 사무실이 위치한 대명3동 행정복합센터입니다. 출입문이 매우 넓고, 넓은 장애인 화장실과 3층에 다목적 화장실까지 있습니다. 동사무소 공사할 때 우리 단체에서 장애인 편의시설에 대해 민원을 넣었는데 많이 반영해주었습니다.

이쌍규 다른 지자체에서는 볼 수 없는 활동이 있다면서요?

최창현   예, 장애인들이 무작정 건물주에게 경사로를 설치하라
고 하면 건물주로서는 무리한 요구일 수도 있습니다.
그래서 리모델링 공사를 하는 건물이 있으면 우리 단
체에서는 공사하는 건물의 주소를 구청에 공문으로 알
려서 턱을 없애거나 경사로를 설치하도록 조치를 요청
합니다. 그러면 구청의 장애인 담당자가 공사하는 현
장에 나가서 건물주에게 경사로 설치를 요청합니다.

이쌍규   구청에서 잘 협조를 잘 해주나요?

최창현   처음부터 잘 협조해주진 않았습니다. 리모델링 공사하
는 건물 주소를 공문에 적어 보냈는데도 나중에 공사
가 끝나고 나서 확인했을 때, 계단이 있으면 저는 구청
장실로 찾아가서 따지고 항의했습니다. 그렇게 하니까
담당자들도 우리가 보내는 공문을 무시하지 않고, 공
문을 받자마자 현장에 나가서 건물주를 설득했습니다.
그렇게 남구청, 중구청, 수성구청 하다가 보니 모든 구
청에서 잘 협조해주고 있습니다.

이쌍규   대구시와 구청에서 경사로 설치도 지원해준다면서요?

최창현   현행 장애인 편의 증진법이 신축건물 일부분에만 적용됩니다. 그러다 보니 기존 건물에 있는 약국, 식당, 카페 등 장애인이 많이 이용할 수 있는 곳에 경사로 설치가 필요합니다. 지금은 구청에서 경사로를 설치해주고 있습니다. 물론 저희 요구가 한몫했지요.

강윤아   턱 낮추기 운동의 구체적인 활동성과는 어떤 것이 있나요?

최창현   현실의 장애인, 노인, 임산부 등의 편의 증진 보장에 관한 법(이하 '장애인 편의 증진 보장법')은 한계가 있습니다. 그 한계에 포기하면, 사회의 발전을 이룰 수 없습니다. 사회적 장애는 도전으로 극복해야 합니다. 포기하지 않고, 끝까지 나아가야 합니다. 장애인은 장애물이 아니라, 새로운 것에 도전할 기회를 부여받은 사람입니다. 저의 삶에 있어서 장애는 저의 인생의 걸림돌이 아니었고, 오히려 그 장애를 기회로 삼아 새로운 미지의 세계를 개척할 수 있었습니다.

'장애'란 혐오나 동정과 같은 부정적인 의미가 아니라, 장애는 도전이라고 말하고 싶습니다. 구체적인 활동 성과는 다음과 같습니다. 긴 내용이지만, 조금만 들어주시면 고맙겠습니다.

첫째, 대구시 교육청과 대구 경찰청이 건축하는 장애인 편의시설 관련은 밝은내일센터와 사전에 협의하여 진행하기로 합의했습니다.

특히 대구경찰청에서 대구경찰청 산하 경찰서·지구대·파출소의 준공 시, 장애물 없는 생활환경(BF)인증제도 등 관련 법률을 준수할 뿐만 아니라, 설계 도면을 밝은 내일센터와 협의하기로 약속받아내었습니다. 그 결과 대구의 경찰서와 지구대 신축·증축 시 서로 상호 협의하고 있습니다. 또한, 대구교육청도 학교 건물 증축 시, 밝은내일센터와 협의하고 있습니다.

둘째, 대구시 8개 구·군에 '경사로 설치' 예산을 마련하게 했습니다. 또 리모델링 공사 중인 건물에 경사로 등 장애인 편의시설을 설치하도록 했습니다.

특히 각 구청에 건물이 신축·리모델링 시, 밝은내일센터에서 '출입구 턱'을 없앨 것을 요구하여 턱을 낮추고 경사로를 설치하도록 하였습니다. 또한, 비 의무 건축물에 대해서는 건축주에게 편의시설을 법적으로 강제할 수 없지만, 지속적인 계도 행정을 통하여 장애인 복지 증진에 최선의 노력을 하겠다는 약속을 받아냈습니다.

셋째, 국토부에 혁신도시, 택지개발지구 등에 '무장애 도시건설'을 촉구하였고, 대구토지주택공사(LH)로부터 '무장애 빌라 건설' 약속받았습니다.

국토부의 도시재생사업에 장애인과 고령인 등을 위한 '장애물 없는 도시'를 만들기 위해 범용 디자인 등을 요구하여, 전국 13개 도시재생 선도지역에 장애인 편의시설을 설치하도록 했습니다. 또한, 무장애 혁신도시건설을 촉구하여, 건축물 주 출입구의 고저 차와 턱을 없앴습니다.

지난해 2022년, 남구 대명동에 신축된 빌라 3동에 있는 엘리베이터를 휠체어 사용자가 이용할 수 없는 일이 벌어졌습니다. 엘리베이터 바로 앞에 계단이 만들어졌기 때문이죠. 그런데 그 빌라가 LH에서 지었던 빌라임을 알게 되어 크게 분노했었습니다. LH에서 지은 빌라마저도 장애인이 이용하지 못하는데, 다른 건물들은 오죽했을까요? 이에 LH 대구경북 본부장을 만나, 앞으로 무장애 빌라로 짓겠다는 약속을 받아내었습니다. LH 본사에도 이를 요구하여 무장애/ 안전 설계 가이드라인을 수립, 시행하게 되었습니다.

한 국 토 지 주 택 공 사

수신자 : 대구장애인차별감시연대 대표
(경유)
참 조 :
제 목 : 공동주택 부대복리시설 내 무장애/안전설계 가이드라인 수립 알림

　　　　1. 장애우 복지향상 및 차별해소에 노력하시는 귀 단체의 무궁한 발전을 기원
합니다.

　　　　2. 2014.9.25일 귀 연대와의 면담결과를 적극 반영하여 전동휠체어 사용불편
해소 등을 위해 공동주택 부대복리시설 내 설치되는 장애우 시설의 설계 가이드라인을 붙임과
같이 보완·시행하였음을 알려드립니다.

붙　　임 : 가이드라인 1부. 끝.

한국토지주택공사사장

넷째, 국가인권위원회 진정서 제출 활동을 지속적으로
전개했습니다.

국가인권위원회 진정 내용은 개인적인 것이 없습니다.

장애인 편의 증진의 공적인 진정만 제출하였습니다.

진정 내용을 살펴보면, 편의점, 사찰, 각종 가게, 관광

단지, 캠핑장, 우체국, 커피숍, 케이블카 시설, 음악 카페, 카 서비스센터, 버스정류장, 공공기관 등의 장애인 편의시설 미설치 등에 관련된 진정입니다. 지난 한 해만 해도 총 118건을 진정했습니다.

여담인데, 사실 지난해 대구 국가인권위원회는 저희 밝은내일센터의 진정이 많아서 매우 힘들어했습니다. 기획 진정이 아니냐고 하기도 했는데, 비록 법적 비 의무 건축물이라고 할지라도, 국가인권위원회의 진정이 들어가면 건물주의 50%가 경사로를 설치하는 큰 성과를 얻어내기도 했습니다. 앞으로도 '무장애 도시의 공공선'을 위해 멈추지 않고, 진정하겠습니다. 국가인권위원회의 조사관님의 많은 이해를 부탁드립니다. (웃음)

44

벽을 넘어 희망으로

국가인권위의 진정활동

강윤아 국가인권위원회 진정서 제출에 남다른 일화가 있을까요?

최창현 '안되면 되게 하라'라는 일화가 있습니다. 지난해 기준으로 보면, 국가인권위원회 진정을 대략 100건 이상했는데, 법적으로 편의시설을 설치 안 해도 되는 건물을 진정하면, 절반은 건물주가 경사로를 설치하고, 절반은 거부합니다. 그러면 건물주가 거부해서 기각된 건물은 1인시위를 하거나, 회원들과 같이 집회를 해서 건물주를 강제적으로 설득하는 때도 있습니다.

예를 들자면, 우리 동네에 4층 신축건물이 있었습니다. 장애인 화장실이 없어서 국가인권위원회에 진정을 제기했는데, 건물주가 다행히도 4층에 일반화장실 내부의 칸막이를 모두 없애고 큰 장애인 화장실 두 개를 설치해주었습니다. 또, 현대자동차대리점이 있는 건물은 장애인 화장실이 없는 것을 국가인권위에 진정했으나, 대상 시설이 아니라는 이유로 국가인권위에서 기각하였습니다. 그런데도 우리 단체에서 건물 앞에서 집회를 개최하여 건물주가 결국 휠체어가 들어갈 수 있도록 화장실 입구의 벽을 잘라 내주기도 했습니다.

한편으로는 미안하고, 죄송하기도 합니다. 그러나 건축주에게는 단순한 경비의 문제이지만, 장애인에게는 문턱과 경사로는 삶의 생존 통로입니다. 건축주분들의 많은 사회적 이해를 부탁드립니다.

올해 세계 유네스코에 등재된 고령의 지산동 고분도 일화가 있습니다. 지산동 고분에는 산책로에 물이 흘러가게끔 물고랑이 가로로 있어 휠체어 바퀴가 빠져서 지나갈 수 없었습니다. 고령군에 개선을 요청했으나,

개선이 되지 않아서 국가인권위원회에 진정하게 되었습니다. 그러나 국가인권위는 고분의 산책로는 장애인 차별 대상 시설에 해당하지 않는다면서 기각했습니다. 그렇다고 물러날 수 없었지요. 군수 집을 알아내어 집회 신고를 했더니, 고령군청에서 연락이 왔고 시정하겠다는 답변을 받아내었습니다.

강윤아 1998년 은행 문턱 없애기 운동은 어떻게 시작하게 되셨나요?

최창현 1998년 대구은행에 갔다가 경사로가 없고 계단만 있어서, 이용하지 못했습니다. 장애인 차별의 심각성을 깨닫고, 장애인도 은행을 이용하는 고객인데, 다 같은 고객으로서 차별이라는 생각으로 운동을 시작했습니다. 대구은행에 공문을 보내고, 모든 지점에 경사로를 설치할 것을 요구했습니다.

그 결과, 본점을 비롯한 대구은행 영업점에 장애인용 경사로 등을 설치하여 장애인이 은행을 통행할 수 있도록 조처하였습니다. 2013년에는 대구에 있는 모든 은행(우리은행, 하나은행, 신협중앙회, KB국민은행, 스탠다드차타드은행, 신한은행, 우체국 등)에 장애인 접근성 조사를 시행하여, 그 결과를 토대로 대구를 비롯한 모든 지점에 경사로 설치 등을 요구하였습니다.

강윤아 관공서, 경찰서, 법원, 검찰 등 모든 공공기관의 장애인 편의 개선 운동의 성과는 어떤 것이 있는지 말씀해주세요.

최창현 1996년부터 건널목 턱 조사, 동사무소와 구청, 경찰서와 파출소 등의 편의시설을 조사하여 관계 당국에 개선을 요구했는데, 대부분 개선하겠다는 긍정의 답변을 받을 수 있었습니다. 관공서에도 몸 불편한 민원인들이 편안하게 이용할 수 있도록 장애인 편의시설 개선을 지속적으로 제기했습니다. 제 자랑 같지만, 대구를 '장애인 편의 개선 운동의 메카'로 만들었다고 자부합니다.

강윤아 민간기업 SK텔레콤, KT, LG유플러스 등 모든 통신 대리점에 경사로를 설치하시게 된 일화를 말씀해주요.

최창현 제가 2009년쯤 처음으로 SK텔레콤 핸드폰을 구입하기 위해 핸드폰 가게에 구경하러 갔는데, 대리점에 계단과 턱이 있어서 들어갈 수가 없었습니다. 그래서 SK텔레콤 본사에 공문을 보내어 휠체어를 타는 고객을 위한 대안과 대책을 요구했고, 2010년도에 공문으로 전국의 대리점에 경사로 설치 약속을 받아낼 수 있었습니다.

그다음엔 KT, LG유플러스, 모토로라 순서로 경사로 설치 약속을 받아내었습니다. 몸 불편한 장애인분들은 핸드폰이 단연 필수입니다. 하지만 휠체어 탔다는 이유 하나로 핸드폰 가게에 들어가지도 못하고, 핸드폰 요금을 내야 하는데도, 대리점에 들어가지 못하는 경우가 많았습니다.

비가 올 때는 비를 맞고, 눈이 올 때는 속수무책으로 눈을 맞아야 했습니다. 다 같은 고객으로서 누구는 안에 들어가고, 누구는 들어가지 못하여, 비바람을 맞으며 차별을 받아야 하는 것을 바로잡기 위해서 시작하였습니다.

강윤아 백종원 씨와 특별한 인연이 있다면서요?

최창현 예, 백종원 씨가 지역의 상권을 살리기 위해 2018년부터 방송국과 함께 한 골목식당 프로그램이 있었습니다. 저도 그 프로그램을 자주 시청했는데 한 가지 의문점이 있었습니다. 골목식당을 살리기 위해서 메뉴도 자문해주고 리모델링도 자문해주었음에도 방송에 나오는 가게들이 모두 출입구에 계단만 있었습니다. '속으로 저건 아닌데 장애인은 고객도 아닌가? 하고 생각하고 있었습니다.

그러다가 2020년 대구 중구에 빽다방, 홍콩반점, 한신포차가 있는데 이들 가게 입점하기 위해 내부 인테리

벽을 넘어 희망으로

어 공사를 할 때부터 제가 구청의 출입구에 턱을 없애거나 경사로 설치를 요청했습니다. 그런데도, 이 세 곳은 요청을 무시하고 출입구에 높은 턱을 만들었습니다. 그래서 이들 가게 본사인 더본코리아에 공문을 보내어 휠체어를 타는 장애인이 식당을 이용 못 하게 해서 차별한 것에 대해 개선 대안을 제시하라는 공문을 보내었습니다.

그러나, 더본코리아에서는 '법적으로 장애인 경사로를 설치해야 할 의무가 없으며, 가맹점에 대해서도 강요할 수 없다'라는 무성의한 답변을 보내왔습니다.

저는 백종원 씨가 사는 빌라 정문 앞에 집회 신고를 내고 회원들과 함께 7월 15일 오후부터 집회를 개최했습니다. 그리하여 밤을 꼬박 세우고 다음 날 7월 16일 오전 10시쯤 백종원 씨가 찾아와서 20분간 면담이 이뤄졌고 '앞으로 점포 리모델링 시 출입구 턱을 없애도록 노력하겠다. 도로랑 접해있는 경우, 이동식 경사로 비치도 생각해보겠다. 방송 중인 골목식당 프로그램 참여자에게도 경사로 이야기를 하겠다 신축 시 장애인 화장실도 넣도록 하겠다.' 등의 개선 의지를 나타내었고 우리는 집회를 종료하고 대구로 내려왔습니다.

그 후에는 대구 동성로에 몇몇 빽다방과 홍콩반점 앞에 경사로가 설치되는 변화를 확인할 수 있었습니다.

올해 2023년 6월에 백종원 씨 고향인 예산시장을 찾아가 봤는데 대부분의 시장 가게에 경사로 설치가 잘 되어 있었고, 장애인 화장실도 별도로 이동식으로라도 설치해놓은 것을 보고 '백종원 씨가 약속을 지켰구나'라는 생각을 했습니다.

강윤아 대구 외 지자체 편의시설개선 활동은 어떤 것이 있나요?

최창현 대표적인 것만 말씀드리겠습니다.

경주문화 엑스포, 부산 동래구 세원백화점 보도 정비, 부산역 앞 도로, 부산 동구청, 경남 거창군 시외버스터미널, 안동동부초등학교, 안동시청, 안동세무서, 파주시 국도 1, 37, 77호선, 의정부 국도 37호선, 무장애 행정 중심 복합도시, 전주 한옥마을, 경주 보문단지 복합문화시설, 김천혁신도시, 김천 시설관리공단, 군위

화본역 관광단지, 구미시청과 시의회, 경북 영천시, 영덕 어촌민속전시관, 고령군, 경북 울릉군, 경남 하동군, 경남 거창군, 경남 통영시 통영항 여객선터미널, 천안시 메가마트, 옥천군, 여수 오동도와 여수 예술 랜드, 순천시, 청도군 청도읍성, 서울시청과 광화문 등에 장애인 편의시설을 촉구하여 개선 약속을 받았습니다.

장애인 편의시설 개선촉구는 지역 구분이 따로 필요 없습니다. 대한민국 전체가 개선 운동의 대상 지역입니다. 누군가가 앞장서지 않고 누군가가 십자가를 지는 사람이 없으면, 새로운 것을 시작할 수 없습니다. 꼭 받아들여야 한다는 절박한 마음으로 시작하고 부딪치고 싸웠습니다. 장애인도 인간답게 사는 '헌법적인 삶'을 반드시 누려야 한다고 생각합니다.

강윤아   지난해는 좀 변화가 있었다면서요?

최창현   그러고 보니 지난해 2022년 5월에 50㎡ 이상 소규모 가게에 경사로 설치 의무화가 시행되었습니다.

강윤아   2021년에 밝은내일센터에서 보건복지부 장관 집 앞에서 집회한 성과라고 하던데요.

최창현   반드시 집회의 성과라고 할 수는 없고요. 2018년에 국가인권위원회에서 보건복지부에 소규모 가게 경사로 설치 의무화를 권고했고, 당시 보건복지부에서 수용하기로 발표했습니다. 그런데 복지부에서 무슨 이유에서인지 법 시행령 개정을 하지 않는 거예요. 처음에는 국토부가 반대해서 법 시행령 개정을 안 하나 싶어서, 우리가 국토부 장관 집 앞에서 먼저 집회를 했었고요. 그 다음 복지부 장관 집 앞에서 집회를 했습니다. 밤샘할 각오로 집회를 했는데, 복지부 장애인정책국장이 바로 집회 장소로 와서 우리 이야기를 듣고 시행령 개정을 약속했고 두 달 만에 입법 예고가 되었습니다.

뭐니 뭐니 해도 국가인권위의 권고가 가장 큰 역할을

했고, 우리는 거기에 불쏘시개 역할만 한 것이 아닌가 싶습니다.

강윤아 지난해 소규모 가게 경사로 설치 의무화 시행으로 현장에서 뭔가 달라진 것을 느낄 수 있나요?

최창현 물론입니다. 우리가 얼마 전 10월에 함안의 관광지를 방문했습니다. 그전 같으면 식당의 계단 때문에 밥 먹을 식당 찾기가 어려웠을 겁니다. 하지만 이제 신축한 건물 1층 식당에는 턱이 없더라고요. 물론 대구 동성로의 신축건물들도, 이제는 대부분 1층에 턱이 없다는 것을 실감합니다.

강윤아 장애인 편의 증진법은 어떤 문제점이 있나요?

최창현 예를 들어 미국은 모든 건축물이 장애인 편의시설을 설치해야 하는 의무시설이지만, 우리나라는 일부분 건축물만 해당되고, 의무 아닌 건축물이 훨씬 더 많습니다. 주유소도 편의시설 설치 예외이고, 자동차검사소, 세탁소, 태권도학원, 마을경로당, 동물병원, 동물장례

식장, 야영장 등 편의시설 설치 예외가 너무 많습니다. 따라서 불특정인이 이용하는 건물이라면 편의시설 의무 설치 대상으로 확대해야 합니다.

두 번째로는 법 제정 때 권장 사항이던 편의시설이 지금도 여전히 권장 사항이라는 것입니다. 음식점의 장애인 화장실이 권장 사항이다 보니, 신축하는 대형식당도 장애인 화장실을 설치하는 식당은 찾아볼 수 없습니다. 그래서 모든 권장 사항을 의무사항으로 바꾸는 개정이 필요합니다.

세 번째로는 중증장애인(침대)과 소수 장애인(장루 장애)에게 필요한 편의시설을 추가하고 성별이 다른 가족이 함께 이용하고 성 소수자도 이용할 수 있는 모두 화장실(다목적 화장실) 설치도 늘려야 합니다.

강윤아   장애인 독립생활(자립화)의 제도화를 위해 어떤 활동을 하셨나요?

최창현   저 나름대로 1996년부터 청와대, 보건복지부에 편지를 쓰면서 장애인을 수용시설에 넣어선 안 된다고 주장했습니다. 장애인도 인간다운 삶을 누릴 수 있도록 지역사회에서 같이 살아가도록 만들어 줘야 한다고 촉구했습니다.

'장애인 활동 지원사 제도'와 '장애인연금제'를 도입해야 한다고 편지를 쓰고, 공문을 보내고, 2004년 10여 명의 장애인 동료들과 전국 1,500km 국토종단캠페인 등을 하면서 제도화를 촉구했습니다. 몸으로 부딪치고, 운동하고 실천했습니다.

강윤아　장애인 독립생활이 제도화되지 않은 초창기에는 매우 힘드셨다면서요?

최창현　제가 1995년 3월에 첫 외출을 하고 이듬해 1996년 1월에 '밝은내일회'를 설립하였고 그해 8월에는 부모님으로부터 독립하여 반지하 방 생활을 하게 되었습니다. 그리고 회원들이 하나둘 모여들면서 중증장애인 3~4명이 같이 공동생활을 하게 되었습니다.

강윤아 정부의 그룹홈 지원금을 받을 기회를 받아들이지 않았다면서요?

최창현 제가 지하 방에 회원들과 같이 살면서 대구시와 남구청에 그룹홈을 위한 집을 마련해줄 것과 집 운영비와 우리를 도와주던 특수교육과를 졸업한 이경자 씨의 급여를 당당히 요구했습니다. 당시 이재용 남구청장님이 우리들의 어려운 형편을 알고 4,000만 원 전세금을 지원해줘서 방 세 칸짜리 집은 마련했습니다. 그리고 구청장 사모님이 집으로 찾아오셔서 반가운 소식을 전했습니다. 공동생활가정의 운영비와 교사 급여 예산이 확보되었다는 것입니다. 그러나 조건이 있었습니다. 우리 단체가 법인도 아니고 등록도 안 된 상태라서 사회복지법인의 부설로 들어가서 예산을 받아야 한다는 것입니다.

부설로 들어가면, 기존의 자유로운 선택권과 결정권이 없어지게 되고 법인의 간섭을 받아야 하며, 몇 시에 자고 몇 시에 일어나야 하고, 어떤 프로그램에 무조건 참여해야 한다는 것이었습니다. 저는 청장님 사모님의 달콤한 제안을 거절할 수밖에 없었습니다.

당장에 사 먹을 반찬값이 없고 보일러 기름값이 없더라도, 우리의 자유의지와 삶의 선택권과 결정권을 포기하지 않기로 한 것입니다. 그때 1999년도에 받을 수 있던 예산을 포기한 후 힘든 6년이 지나서야 우리는 보건복지부 중증장애인 자립생활센터 시범사업을 하게 되면서 정식으로 예산을 받게 되었습니다.

강윤아 독립생활센터를 만들게 된 과정이 궁금합니다.

최창현 1996년에 부모님으로부터 독립하고 단체를 만들어 권리 옹호 활동을 했으나, 당시에는 '독립생활'이란 용어를 몰랐습니다. 미국횡단을 마치고 2002년에 정립회관을 통해서 우리나라에 일본의 자립생활이 전파가 되었고 일본의 자립생활 지도자들이 한국을 다녀갔습니다. 마침 대구에는 미국에서 독립생활을 공부하신 대구대학교 직업재활학과 이달엽 교수님이 계셨는데, 이달엽 교수님을 통해서 자립생활, 독립생활, Independent Living 이란 용어를 알게 되었습니다. 그리하여 저는 우리나라에서는 세 번째로 2002년도에 조그만 사무실을 빌려 '대구 밝은독립생활 센터'와 자립생활 체험홈의 문을 열게 되었습니다. 또, 2002년도에 일본의 자립생활 센터 연수도 다녀왔습니다.

강윤아 독립센터가 대구시로부터 인정을 받기까지 쉽지 않았다면서요?

최창현 2002년도에 독립생활센터의 문을 열었습니다만, 센터 예산지원을 요청하는 저에게 대구시의 반응은 싸늘하기만 했습니다. 대구시에서는 완전히 무시했습니다. 급기야 대구시 복지정책과 담당자는 "법인도 아니고 지원해 줄 예산도 없다.","너희들은 인간도 아니다." 등의 막말을 했습니다. 학교 문 앞에도 못 가서 배움도 없고, 가난하고 언어마저 어둔한 뇌성마비 중증장애인의 목소리를 귀담아들어 주는 공무원은 없었습니다.

그리하여 급기야 2003년 1월 2일 대구시청 현관 앞에서 방화퍼포먼스를 벌였습니다. 이 시위로 인해 대구시는 발각 뒤집어졌지요. 저에게 적대적이고 무관심하던 대구시는 우호적으로 바뀌었고, 단체등록을 도와주었습니다. 그리하여 2003년 10월에 정식으로 대구시에 비영리민간단체로 등록이 되었습니다.

강윤아 2002년 7월 대구~경주까지 장애인 자립 생활 홍보를 위해 중증장애인 국토종단을 하신 이유는 무엇인가요? 자립 생활과 시설 생활의 차이는 무엇입니까?

최창현 시설 생활은 기계 같은 강제적인 생활이라고 생각하시면 됩니다. 틀에 맞추어진 대로 퍼즐처럼, 기상 시간은 몇 시이고, 취침 시간은 몇 시이고, 프로그램에 맞추어 그대로 움직여야 합니다. 사람이라는 인격체는 내가 자고 싶을 때 자고, 일어나고 싶을 때 일어나고, 일하고 싶을 때 일하고, 예술문화 활동의 기본적인 것도 다 누려야 하는데 장애인이라고 해서 그런 것을 못 하게 한다면, 어찌 하나의 인격체라고 할 수 있겠습니까? 이러한 문제점을 극복하기 위해 故 노무현 대통령께서 '장애인 자립생활 IL센터'를 시범적으로 만들어 주셨습니다.

지금 장애인들은 장애인 시설에서 나와서 지역사회 안

에서 지역민과 함께, 같이 숨 쉬면서, 먹고 싶은 것을 먹고, 입고 싶은 것을 입고, 사고 싶은 것을 사고, 영화와 연극도 보고 모든 걸 함께 누리는 '인간으로서의 독립생활'을 원합니다. 이러한 장애인 자립생활의 내용을 국민에게 좀 더 소상히 알리기 위해, 국토종단을 시도했습니다. 걸어 다니는 인간 스피커의 홍보 효과를 노리고 진행했습니다.

보건복지부 알몸시위의 영향

강윤아 2003년 당시 보건복지부 알몸시위는 어떻게 하게 되셨는지?

최창현 2003년 10월 정부과천청사 정문 앞에서 국가와 지방자치단체가 독립생활과 독립생활센터를 지원할 수 있는 법과 제도 마련을 촉구하는 시위를 벌였습니다. 그런데 보건복지부 관계자가 전혀 관심을 보이지 않아, 10시 40분부터 1시까지 알몸시위를 전개했습니다.

저라고 알몸이 부끄럽지 않겠습니까?

그때 당시 보건복지부 관계자들은 독립생활과 독립생활센터를 지원하는 인식이 전혀 없는 상태였습니다. 철저한 무관심을 관심으로 유도하기 위한 마지막 자구책이 '알몸시위'였습니다. 오죽하면 과천경찰서 정보과장이 "복지부 사람들은 뭐 하는 거야! 장애인들이 이렇게 빗속에도 옷을 벗고 떨고 있으면 한 명이라도 나와 봐야 하는 것 아냐!"라고 한숨을 터뜨렸습니다. 그후 2시 30분경에 면담이 성사되어, 독립생활 제도 개선의 요구사항을 주무부처에 무사히 전달했습니다.

▲ 한 장애인이 옷을 모두벗고 전동휠체어를 타고 정부과천청사 앞으로 들어가려 하지 경찰이 이를 막고 있다. <에이블뉴스>

벽을 넘어 희망으로

당시 요구사항은 1) 중증장애인이 자아실현을 성취하고 국가와 지역사회에 이바지할 수 있도록 '유료 활동보조인제도'를 반드시 도입할 것 2) 중증장애인에게 추가로 드는 장애 비용을 장애인 연금으로 지급하여 독립생활을 영위할 수 있도록 지원할 것 3) 독립생활에 필요한 특별주거비를 지원할 것 4) 독립생활의 '당사자주의'를 적용하여 자립생활 지원센터를 직접 운영할 수 있도록 할 것이 주요 내용 있었습니다.

강윤아 2005년 보건복지부 중증장애인 자립생활 지원사업 시범사업자로 선정된 배경은 무엇인가요?

최창현 제가 미국과 일본을 횡단하면서 중증장애인 자립생활 지원(Independent living)이 '독립생활 당사자주의'[6]라는

---

6 독립생활 (independent living: IL)을 통해 얻게 되는, 독립생활이 가능하고 나아가 성취하게 되는 고용은 개인에게 있어서 새로운 자기 존중감, 존엄성, 그리고 독립성에 대한 느낌을 전달한다. 전문적이고 정책적인 관점에서도 중증장애인들에 대한 IL접근은 동료 상담을 근간으로 하는 전문 활동인 만큼, 중증 뇌성마비와 같은 이동영역에 제한이 따르는 사람들이 전문 훈련을 통해서 훌륭하게 소화해 낼 수 있는 직무인 동시에 취업에 있어 큰 제한점을 안고 있는 이 사람들이 전국의 IL센터에 적절히 상담사로서 배치된다면 수많은 일자리들이 새로이 제공되어 중증장애인에 대한 사회 인식 개선과 재활이 더욱 앞당겨

것을 알게 되었고, 그동안 1996년부터 제가 실천해온 것이 자립생활(independent living)인 것을 깨닫게 되었습니다. '당사자주의'라는 새로운 패러다임을 알고 우리나라에도 새로운 패러다임을 열어야겠다는 생각으로 2003년 보건복지부 앞에서 알몸시위를 하고 청와대 앞에서도 투쟁을 전개했습니다.

당시 장애인 문제에 식견이 계신 故 노무현 대통령의 정책적 결단으로 국가 예산을 만들어 전국에 10개 지역 시범사업을 진행했습니다. 대구에서는 제가 시범사업자로 선정이 되었습니다.

강윤아 우리나라 최초 전동휠체어 축구단은 어떻게 창단하셨는지?

지리라는 점을 충분히 예상할 수 있다. 이를 통해 중증장애인 삶의 질도 사회적 신분과 더불어 한 단계 상승할 수 있는 계기가 될 것이다. 보다 자기 충족적이고 생산적인 삶을 살 수 있도록 하는 사회운동의 성격을 지니는 이 과정은 경제적 존재로서의 역할도 강조한다. 남에게 지나치게 의존하지 않는 이러한 스스로의 노력과 활동만이 장애인과 장애를 지니지 않은 시민들 사이에 놓여있는 커다란 걸림돌과 장벽들을 하나씩 제거하는 결과를 가져다줄 것이다. 「장애인 직업재활 관점에서 독립생활 운동의 재조명」(2005) 이달엽 외 1명 논문에서 인용

최창현 2002년 일본에 연수도 가고, 일본 나고야에 전동휠체어 마라톤도 참가하고 이러던 중에 일본 중증장애인들이 전동휠체어로 축구를 하는 것을 보고 우리나라에도 도입해야 하겠다는 생각으로 2005년에 우리나라에서 처음으로 전동휠체어 축구팀을 만들게 되었습니다. 장애인도 여가 및 취미생활을 즐길 수 있다는 것을 보여주기 위해 함께 모였습니다.

당시 뇌성마비 1급 지체장애인 8명으로 구성된 대한민국 최초의 전동휠체어 축구단이었습니다. 전동휠체어 축구는 경기방식이 독특합니다. 고무 범퍼가 부착된 축구전용 휠체어를 타고, 4명씩 두 팀이 축구공보다 훨씬 크게 특수 제작된 공을 상대편 골대에 넣는 것. 비록 휠체어를 타고 있었지만, 청팀과 백팀으로 나눠진 두 팀은 서로 격렬하게 부딪치기도 합니다.

강윤아 장애인 버스 타기 운동은 어떻게 시작하셨나요?

최창현 제가 1996년에 부모님으로부터 처음으로 독립하여 대중교통을 이용하던 중에 버스 탑승 거부를 당했습니다. 이런 일들을 겪고 난 뒤에 '장애인 버스 타기 운동'을 대구에서 전국 처음으로 시작하였습니다. 당시 버스 승차 거부의 모욕감과 모멸감은 아직도 잊을 수가 없습니다.

먼저 승차 거부를 한 버스 기사부터 대구시에 고발하기 시작했습니다. 고발이 들어가면서 대구시는 버스업체에 20만 원 과태료 처분을 내렸습니다. 이렇게까지 한 것은 버스 기사의 '장애인 이동권'에 대한 인식을 제도적으로 바꾸지 않는 한, 장애인은 영원히 대중교통을 이용할 수 없다고 생각했습니다. 비장애인이 누리는 일상의 버스 타기가 장애인들에게는 힘겹게 투쟁을 통해서 얻어내야 하는 현실의 벽에 너무 높았습니다.

장애인 버스 타기는 장애인의 '이동권과 생존권'을 위한 것입니다. 그 후 2000년도에 미국에 횡단하러 가서 미국에 저상버스 운동을 시작한 단체와 미팅을 하여 그 자료를 받아서 2001년도에 한국에 돌아와서 지금 서울에서 활동하고 있는 박경석 전장연 대표에게 자료를 보여주었고, 저상버스 운동을 같이 시작하게 되었습니다. 제가 처음 조언을 해주었고 초창기에 같이 운동했습니다. 쇠사슬로 몸을 묶는 것, 버스 앞에 눕는 것, 그리고 수집한 자료를 제가 주기도 했습니다.

강윤아 지하철과 철도의 장애인 이동권 확보에 대해서는 어떤 활동을 전개하셨는지?

최창현 대구 지하철 1, 2, 3호선에 장애인 편의시설 개선을 지속적으로 제기하여, 시정보완을 시켰습니다. 개선 내용으로는 승강장 설치(발 빠짐 방지판, 승강장 경사석), 장애인 화장실 편의시설 설치(비상호출 버튼 위치조정, 선반, 방습거울, 손 세정제, 휴지 걸이, 핸드 드라이어, 장애인 화장실의 자동문 개폐 스위치 높이 조정, 장애인 화장실 내부 확대) 대합실 장애인 타일 점자 안내도 신설, 장애인 화장실의 추가 설치, 승강기 버튼 추가, 장애인 바닥 안내표지판 설치, 통로 안전난간 설치 등이 있습니다.

2023년 3월에는 우리나라에서 처음으로 대구 지하철 2호선 청라언덕역에 장루 장애인[7]을 위한 변기 오스트

---

7 장루란 항문이 아닌 복벽을 통해 장 내용물이나 대변을 배설하기 위해 소장 또는 대장의 일부를 복벽을 통해 몸 밖으로 꺼내어 고정한 인공 항문이다. 장루

1부 나는 장애인이 아니라, 국민입니다

메이트[8]를 설치하게 했습니다. 우리나라도 오스트메이트 설치 의무화가 필요합니다. 또한, 대구역과 동대구역의 철도 장애인 편의시설 확충을 지속적으로 제기하여 소정의 성과를 얻기도 했습니다.

이쌍규 1998년 "김대중 대통령 국민과의 대화" 때 '에바다[9] 농아원 비리'를 고발하셨는데 그 이유는 무엇입니까?

최창현 제가 20대 때 장애인 시설에 들어가기 위해 경기도의 한 시설에 면접을 보러 갔을 때, 그 시설에 있는 장애인 당사자들의 처참한 환경을 봤기 때문에, 농아장애인을 이용해서 부조리를 일삼는 것[10]에 대해서 더 이

장애인 은 대장 일부 또는 전체를 절제한 뒤, 배에 구멍을 뚫고 인공적으로 장루를 만들어 배변한다.

8　오스트메이트 대응 화장실은 배설물 등의 처리를 하기 쉬운 기능을 갖춘 화장실이다.

9　에바다(ephphata)는 예수가 소경의 귀가 트이고 말을 하게 해달라는 탄식을 하며 외친 히브리어로 '열리라'는 뜻이다.

10　1996년 11월 27일 에바다 학교 학생들은 원장의 비리와 후원금 착복 의혹을 제기하며 집단농성을 시작했다. 청각장애학생들이 '비리재단퇴진'을 요구하면서 불거진 '에바다'사태. 이 학교 청각장애학생들의 '소리 없는'농성은 98년 '김대중 대통령 2차 국민과의 대화'에서 최창현회장과 이경자사무국장이

상 참을 수가 없었습니다. 장애인 권리를 되찾아준다는 신념으로 국민의 정부가 들어선 이후 「김대중 대통령 국민과의 대화」에서 이경자 사무국장과 함께 방청석에 앉아, 김대중 대통령에게 1996년 이후 5백30여 일이 넘도록 파행으로 치닫고 있는 에바다 사태의 완전한 해결을 촉구하였습니다.

이에 김대중 대통령으로부터 상황 파악 후 문제가 해결될 수 있도록 노력하겠다는 약속을 받아 내었습니다. 이는 1996년부터 시작된 '에바다 농아원 사태'를 해결하는 계기[11]를 만들었습니다.

에바다 농아원의 시설 비리를 파헤쳐달라고 호소하면서 세상에 널리 알려지게 되었다.

족벌체제의 폐쇄적 방법으로 운영되온 '에바다' 비리는 다양했다. 원생들의 주민등록증과 장애인수첩을 이중으로 만들어 정부지원금을 횡령한 것, 에바다농아원 원장과 총무 등 자격요건을 갖추지 못한 사람들과 일부 친인척을 직원으로 채용한 것, 근무하지 않고 봉급만 챙긴 13명의 친인척 유령직원을 둔 것 등이 감사 결과 밝혀졌다. 어린 농아학생들을 제본공장에서 새벽 1시까지 강제노역을 시키고도 임금조차 주지 않고, 농아어린이 70여명을 강제로 해외로 입양시키는 등 '에바다'에게 장애학생들은 단지 착취의 대상일 뿐 있었다. 원생들의 부모들이 사랑으로 돌봐달라 맡긴 원생들에게 돌아온 것은 배고픔과 추위, 인격적 멸시 뿐 최소한의 인간적 대우도 받을 수 없었다.

11 2001년 8월 7일, 드디어 이사진의 과반수를 민주적인 이사들로 교체하는 데 성공했고, 지역사회 인권운동가이자 치과의사인 윤귀성 대표이사가 취임하

에바다사태 해결 전기마련

국민과의 대화서 공식거론 … 복지부 편파적 자세 일관 난항 예고

새정부가 들어선 이후 두번째
였던 「김대중 대통령 국민과의
대화」에서 에바다문제가 공식
거론되면서 사태해결의 전기가
마련되고 있으나 주무 부서인 보건복
지부가 편파적인 자세로 일관해
왔음이 예고되고 있다.

10일 전국적으로 생중계된 국
민과의 대화가 끝나갈 무렵 방청
석에 앉아 있던 최정현(34.녹성
아비), 이경자씨(24)는 김대중
대통령에게 지난 96년 11월 이후
현재30여일이 넘도록 파행으로 치
닫고 있는 에바다사태의 완전한
해결을 간곡히 담은했다.
이에 대해 김대통령은 「지난해
에미 이를 알고 있다」고 전

제한 후 「비서관에게 이야기해서
상황파악 후에 문제가 해결될 수
있도록 노력하겠다」고 약속했다.

김대통령의 이같은 약속에 따
라 보건복지부는 12일 경기도,
평택시, 교육부 등이 참석한 가
운데 관계기관대책회의를 갖고
상황파악에 나섰다. 회의에 참석
한 관계자들은 지난 2월에 있은
감사원의 감사결과가 나오는 6월
초before 종합적인 대책을 마련하는
방법이외에 뚜렷한 해결책을 찾
지 못한 것으로 알려 졌다.
이날 회의에서 보고된 「에바다
복지회 최근 현황」 자료를 보면
복지부가 에바다사태를 처리하
는 기본입장이 잘 드러나 있다.

에바다공대위가 6.4 지방선거에 출마하는 김신기 평택시장의 자민련
공천을 저지하기 위한 집회를 갖고 있다.

이쌍규 2000년 미대륙 횡단할 때, 에바다 재단 관련 비리를 미

여 에바다의 민주화에 막바지 박차를 가했다. 2003년 5월 28일, 새로 구성된 민주적인 이사진과 새로 선출된 학교장, 농아원장, 행정실장, 법인 사무국장, 그리고 에바다의 민주화 운동을 이끌었던 권오일 교사 등 연대 세력 100여 명이 최씨 일가가 불법적으로 점거하고 있던 농아원 진입에 성공했고, 2003년 6월 7일, 드디어 최씨 일가를 비롯한 구재단의 불법 점거자들을 모두 밖으로 내보냄으로써 마침내 법인과 학교, 농아원의 완전 정상화를 이루었다. 7년 동안의 길고 험난한 과정, 에바다 민주화 투쟁은 모두가 불가능하다고 말했던 싸움이었다. 하지만 학생, 학부모, 교사가 민주화 투쟁의 주체가 되었고, 여기에 더 나은 세상을 열망하는 수많은 양심이 연대하여 비리재단과 이들을 옹호하는 지역 토착 세력에 항거함으로써 완전한 승리를 쟁취하였다. 에바다 민주화 투쟁은 이후 장애인 인권 문제를 한국 사회의 전면에 부각시키며 장애인복지시설 운영의 민주화와 투명성을 촉구하는 계기가 되었다. 「에바다학교 홈페이지 내용 인용」

벽을 넘어 희망으로

국언론에 고발한 이유는 무엇입니까?

최창현 미국에 에바다 재단이 있으므로 미국에서 바람이 일어나면, 우리 한국 정부도 뒷짐 지고 묵인하는 것이 바뀌지 않을까 하는 생각으로 미국언론에 고발했습니다.

이쌍규 2005년 청암재단 사태 해결의 전기를 마련했다고 하셨는데, 구체적인 상황을 이야기해주세요.

최창현 1996년부터 장애인 권리 찾기 제도 마련 운동을 해왔기 때문에, 장애인 시설의 부조리와 부패는 용납할 수 없었습니다. 이 일은 나뿐만이 아니라, 장애인 전체의 권리를 찾아주는 일이라고 생각했습니다. 청암재단 사태를 언론뉴스로 접하고, 저는 밝은내일 회원들과 함께 경북 경산에 있는 청암재단 소속 재활원을 방문하여 현장의 이야기를 먼저 들었습니다.

입소자가 구타로 죽어 나가는 사태까지 벌어졌는데, 관계 당국인 대구시는 아무런 조치를 취하지 않았습니다. 그래서 대구시청에 가서 사태 해결을 촉구하는 집

회도 했고, 급기야 대구시장 관사에 인분을 뿌리는 일
을 진행했습니다. 이 일로 인해 대구시가 사태 해결을
위해 적극적으로 움직여 재단 정상화가 될 수 있었습
니다.

이쌍규 대구시장 관사에 인분을 뿌린 것은 '과격한 행동'이라
고 생각하시지는 않나요?

최창현 당시 청암재단 비리 사태에 대한 대구시의 수수방관에
대한 강력한 경고가 필요했습니다. 장애인 인권유린,
보조금 횡령, 장애인 임금 착취 등 비리 의혹의 문제해
결을 위한 마지막 저항의 표현이었습니다.

사실, 우리 장애인이 할 수 있는 문제해결 방법이 비장
애인보다 많이 없습니다. 우리도 합법적인 대화 방법
으로 소통을 진행하고 싶지만, 그런 경우, 우리와 대화
자체를 무조건 거부하거나 무시하는 경우가 많습니다.
소통의 단절 경험이 많습니다. 대구시장에게 직접 오
물을 투척한 것이 아니라, 관사 아파트 현관문에 투척
한 것입니다. 이점 널리 이해해주시기를 바랍니다.

강윤아 2004년 3월 노무현 대통령탄핵[12] 철회를 위한 350km 대구~서울 국토종단을 하신 이유는 무엇인가요?

최창현 사실 노무현 대통령과 악연이 조금 있습니다. 2004년 노무현 정부가 이라크 추가 파병을 강행할 때 "노무현 대통령이 헌법을 위반했다"라고 국가인권위원회에 진정서를 넣었습니다.

진정서 내용은 "노무현 대통령은 미국의 명분 없는 이라크 침략전쟁에, 우리나라에 아무런 국익도 없는 한·미동맹을 핑계로 국민의 여론을 무시한 채 파병을 강행했다. 이는 명백한 헌법 위반이며 대통령으로서의 헌법 준수의 의무를 저버린 것"이라고 주장했습니다. 저의 진정 내용은 노무현 정부의 외교정책에 대한 강한 비판 있었습니다.

그러나 대통령의 탄핵은 경우가 다릅니다.

---

12 2004년 3월 12일 야당 국회의원 193명의 찬성으로 가결되어 같은 해 5월 14일 헌법재판소에서 기각된 대통령 탄핵사태를 말한다.

1부 나는 장애인이 아니라, 국민입니다

국민이 뽑았고 아무런 잘못도 한 것이 없는데, 국회의원들이 자기 권력의 기득권을 지키기 위해서 '대통령탄핵'을 국회에서 통과시켰습니다. 노무현 대통령탄핵의 불합리성을 대한민국 주권자로서 반대 의사를 명확하게 보여주기 위해 350km 대구~서울 국토종단을 시도했습니다.

저는 장애인이 아니라, 국민으로서 저항할 필요가 있었습니다. 비장애인처럼 손과 발을 자유롭게 사용하지 못하는 관계로, 저만의 언어로 표현할 필요가 있었습니다.

저의 언어는 행동입니다. 실천입니다. 저의 각종 횡단의 의미는 어떤 때는 '희망의 언어'이지만, 또 어떤 때는 '저항의 언어'이기도 합니다.

강윤아 2004년 4월 장애인연금[13]과 유급도우미 확보를 위한

13　장애인연금(障礙人年金)은 장애인에게 지급되는 연금이다. 장애인연금법 및 시행령, 시행규칙에서 연금을 규정하고 있다. 우리나라는 2010년 7월 장애인연금제도가 새롭게 도입되어 다층적인 장애 소득보장 체계가 구축되는 등

1500km 국토종단을 하신 이유는 무엇인가요?

최창현 동료 중증장애인 7명과 비장애인 1명으로 구성하여 서
울에서 출발해 1,500km 국토종단에 나섰습니다. 중증
장애인의 연금법과 유급 도우미제도 확보를 위한 대국
민 홍보전이었습니다. 장애인 당사자의 선택권과 결정
권에 의한 독립생활의 중요성을 알리고, 중증장애인이
지역사회 안에서 독립생활을 누리기 위해서는 '연금
법'과 '유급 도우미제도'가 절실하다고 주장했습니다.

이러한 노력으로 2010년 7월 장애인 연금제도가 새롭
게 도입되어, 다층적인 장애 소득보장 체계가 처음으
로 구축되었습니다.

강윤아 2006년 장애인수용시설증설 반대 대구~서울 철창 국
토종단을 한 이유는 무엇인가요?

큰 변화를 겪어왔다. 이후 2014년 장애인연금법 개정·시행을 실시하였지만
여전히 장애인 연금 수급률 목표치인 70%에 비해 낮은 수준이며, 대상자 선정
의 제한성과 낮은 급여 수준의 문제는 여전히 해결되지 않고있는 상황이다.

최창현 보건복지부가 故 노무현 대통령이 내놓은 '희망한국
21'의 중증장애인 요양보호 계획에 따라 2009년까지
총 271개의 장애인 수용시설을 신축하기로 했습니다.
장애인을 가두는 수용시설을 현재의 2배로 늘리려는
정부의 계획에 절대 반대했습니다.

장애인 수용시설은 자유가 없는 감옥입니다. 자립 생
활의 정신이 장애인이 장애가 있다는 이유 하나로, 개
돼지처럼 사육당하고 누려야 할 권리를 제대로 누리지
못하게 해서는 안 된다는 것입니다.

그 당당한 권리를 찾아주어야 한다는 생각으로 모든 사
람에게 알리고자, 밝은내일 회원 중증장애인 3명과 함께
철창 모양으로 만든 휠체어를 타고 장애인 승합차를 따
라 7일간의 일정으로 국토종단에 들어갔습니다.

당시 요구사항은 "대통령은 중증장애인을 가족의 짐과
부담으로 규정하고 수용시설 확충을 지시한 데 대해
깊이 사죄하고, 신축계획을 폐기하는 한편 장애인들이
인격체로서 진정한 독립생활을 할 수 있는 대안을 제

시하라"라고 주장했습니다.

강윤아 2008년 8월 KBS 장악 규탄을 위한 대구~서울 국토종단을 한 이유는 무엇인가요?

최창현 "이명박 정권의 공영방송 KBS 장악 규탄 및 민주 수호를 위한 국토대장정"에 나서면서 한나라당 대구시당사 앞에서 'KBS 사망 장례식 퍼포먼스'를 벌였습니다. 대전과 평택 등을 거쳐 8·15 광복절 행사에 맞춰 서울에 입성했습니다.

저는 이명박 독재정권이 광우병 쇠고기 수입으로 국민의 목숨을 빼앗은 것도 모자라, 국민의 방송인 KBS를 공권력으로 강탈하고 있다고 주장했습니다. 방송은 객관적이고 정확하게 국민에게 정보를 제공하는 것이 첫번째 제일 중요한 공영매체입니다. 누구에게도 억압받지 않고, 자유성과 독립성을 보장받아야 합니다. 이명박 정권의 방송 강탈행위는 국민의 눈과 귀를 도려내어 국민을 바보, 멍청이, 장애인으로 만들려고 하는 것입니다. 광우병 쇠고기 수입을 촛불로써 온 국민이 저지해 나갔듯이, 공영방송 KBS 강탈을 막고, 다 함께 이명박 독재정권으로부터 되찾자고 호소했습니다.

새로운 정부가 방송을 장악하여 국민을 보지도 듣지도 못하게 만들려고 하는데 어떻게 그것을 보고만 있겠습니까? 장애인도 이 땅의 주인이고, 국민인데 장애인도 이런 비판의식을 가지고 있다는 것을 국민에게 알리기 위함이었습니다.

강윤아 2008년 촛불집회 참가자 강제 연행에 항의하기 위해, 당시 이명박 대통령을 중앙지검에 고소한 이유가 뭘까요?

최창현 경찰의 촛불집회 참가자 강제연행에 항의해 국가인권위에 진정서를 내고, 서울중앙지검에 이명박 대통령과 한진희 서울지방경찰청장을 고소했습니다. 미국 쇠고기 수입 반대를 외치는 시민들의 평화적인 도보 행진을 경찰이 강제해산 할 수 없습니다. 이는 공권력에 의한 국민 탄압 행위입니다. 국민의 몸짓이며 목소리인 촛불집회를 가로막는 것은 대한민국 민주주의를 탄압

하는 것입니다. 촛불집회의 원인을 제공한 이명박 대통령이 국민을 사법처리 하겠다는 것은 국민의 정당한 목소리를 잠재우겠다는 것입니다.

저는 중증장애인이 아니라, 한 명의 국민입니다. 헌법에 보장된 국민의 권리를 당당하게 요구한 것입니다.

강윤아 2009년 6월 언론악법 저지를 위한 1,500km 국토종단을 한 이유가 궁금합니다.

최창현 '한나라당의 언론 악법 처리 저지'를 주장하기 위해 휠체어를 타고 전국 국토를 순회했습니다. 미디어법 개정안 처리 반대 이유는 언론 악법이 통과되면 언론이 제 목소리를 내지 못하고 앵무새가 될 수밖에 없고, 국민은 진실이 아닌 잘못된 우상을 바라볼 수밖에 없다고 생각합니다. 대기업과 보수 신문이 방송을 소유하게 되면, 소외계층의 삶은 더욱 열악해질 수밖에 없습니다. 언론이 바로 서야, 이 나라 국민이 진실을 알고 '정치적 시각, 청각 장애인'이 되지 않는다는 굳은 모습을 보여주기 위함이었습니다.

강윤아 2012년 4월 일본의 독도침탈 규탄을 위한 대구~대마도 국토종단을 한 이유는 무엇인가요?

최창현 '일본 교과서의 독도 영유권 명기'를 규탄하기 위해 대구 국채보상공원에서 휠체어 대장정 출정식을 하고, 대마도 이즈하라항까지 건너갔습니다. '독도 침탈하는 일본규탄, 독도는 대한민국 땅, 대마도가 일본 땅'이 적힌 피켓을 들고 항의했습니다.

애초에 일정을 2박 3일로 잡았지만, 대마도 이즈하라항이 너무 작아 1시간 만에 다 돌게 되었습니다. 1박 2일 동안 일본 대마도에서의 '일본의 독도침탈 시위'를 마치고, 무사히 귀환했습니다.

제가 이렇게 주장하는 이유는, 내 집인데 손님이 주인을 몰아내고, 집을 빼앗으려 하는 영토 침략행위에 저항하기 위해서입니다. 독도는 우리나라가 주인이라는 것을 대한민국 장애인도 알고 있다는 것을 일본인들에게 보여주기 위함입니다. 내 나라 내 땅을 장애인도 이렇게 지키려 하고 있다는 것을 일본인들에게 기억시키기 위함입니다.

강윤아 2014년 6월 문창극 국무총리 후보 반대를 위한 문창극
자택 앞 1인시위를 한 이유는 뭘까요?

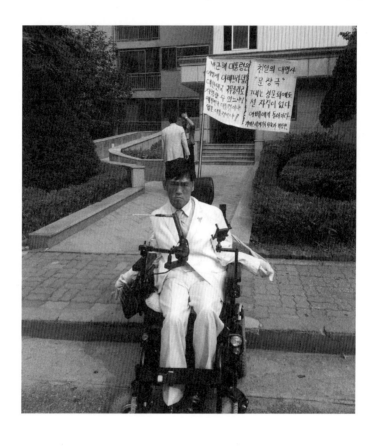

최창현 '아베 브라더스'는 대한민국 국무총리가 될 수 없다고

생각했습니다. 친일의 대명사 문창극 후보는 청문회에 설 자격 없습니다. 그래서 저의 확고한 의지를 표현하기 위해 경기도 성남시 문창극 국무총리 후보자 자택 앞에서 문 후보자의 임명을 반대하는 1인시위를 펼쳤습니다. 이것 또한 우리나라의 미래가 달려있으므로 장애인으로서, 한 사람의 국민으로서, '아닌 것은 아니다'라는 것을 많은 국민이 실체적 진실은 알고 있으라는 속뜻이었습니다.

강윤아 2015년 대구 세계 물 포럼[14] 성공적 개최를 위한 대구

---

14 세계 물 포럼(World Water Forum, WWF)은 21세기 물 문제에 대해 토론하고 그 중요성을 널리 알리기 위하여 세계 물 위원회(World Water Council)

벽을 넘어 희망으로

~경주 횡단을 한 배경이 궁금합니다.

최창현   세계 물 포럼 행사의 성공을 기원하고, 시민들에게도
         자발적인 참여와 관심을 유도하기 위해 대구~경주 휠
         체어 횡단을 진행했습니다. 대구시청에서 출발해 경
         북도청을 경유하고 하양을 거쳐 경주시청에 도착하
         는 1일 여정으로 코스를 잡았습니다. 시속 13km로 총
         80km를 주행했습니다.

         우리 지역에 큰일이고 중요한 잔치이기에, 시민들의
         관심과 참여를 분발시키기 위해 시민 한 사람의 관심
         이 모여, 250만 시민이 모두가 한마음이 되어야 한다
         는 '애향심'으로 횡단을 진행했습니다. 다른 국토횡단
         보다는 쉬운 횡단이었습니다. (웃음)

주관으로 3년마다 개최하는 물에 관한 국제회의이다. '세계 물의 날'인 3월
22일을 전후하여 개최되며 전 세계 정부, 전문가, NGO 등이 참가하고 있다.
세계 물 문제 해결을 논의하고자 세계 물 위원회(WWC)에서 제창하여 창설된
포럼으로서, 물 관련으로는 지구촌 최대의 행사로, '세계 수자원 회의'라고도
불린다. 국가 수반회의, 장관급 회의, 지역별 회의, 주제별 세션, 세계 물 엑스포
등 다양한 행사들이 펼쳐진다. 제1회는 1997년 모로코의 마라케시에서 개최되
었다.

1부 나는 장애인이 아니라, 국민입니다

강윤아 2015년 역사 교과서 국정화 반대를 위한 대구~서울 횡단을 한 배경이 궁금합니다.

최창현 역사 교과서 국정화를 반대하며 대구에서 서울까지 휠체어 국토종단에 나섰습니다. 서울에 도착해 시민단체에서 주최하는 국정화 반대 문화제 등에 참석했고, 청와대와 새누리당사 앞에서 1인시위도 진행했습니다.

저의 주장은 간단합니다.

미래를 짊어지고 나갈 청소년들에게 진실된 역사를 가르쳐야지, 거짓을 가르쳐서는 안 된다는 것입니다. 역사 교과서를 국정화하는 것은 역사의 뿌리를 뒤흔드는 일이며, 아베가 일본의 역사 교과서에 독도를 자기네 땅이라고 교과서에 실어 자국 일본 아이들에게 거짓을 가르치는 것과 다르지 않습니다. 피장파장의 극우 역사관입니다.

강윤아 2021년 보건복지부장관 자택 앞에서 집회하셨습니다. 무슨 이유로 하시게 된 건가요?

밝은내일IL종합지원센터가 지난 5일 밤샘 집회 중 보건복지부 장애인정책국 정충현 국장과 면담을 진행했다. ⓒ밝은내일IL종합지원센터

최창현   장애인 편의 증진법 개정을 촉구하는 집회를 서울 강남구 복지부 장관 자택 앞에서 기자회견을 가진 뒤, 장애인 등 편의 증진법을 개정하지 않는 복지부 장관을 규탄하며 밤샘 집회를 시작했습니다. 그 결과, 보건복지부 장애인정책국장으로부터 신축건물 경사로 설치 의무화 약속을 받아냈습니다. 면적에 상관없이 모든 신축건물에 경사로 설치할 것, 장애인 등 편의 증진법의 모든 권장 사항을 의무사항으로 개정할 것, 입식 식탁 의무화할 것, 주유소를 장애인 편의시설 예외시설에서 의무시설로 개정할 것 등을 담은 요구안을 전달했습니다.

저는 장애인 편의 증진을 위해서 어느 곳이라도 달려갑니다. 어떤 권력자도 국민의 요구를 무시할 수 없습니다. 성역이 없습니다. 국토부 장관 자택, 시장관사, 경찰청장관사, 현대자동차, 삼성전자 등 대기업 회장 자택에서도 일인 시위를 진행했습니다.

강윤아 대통령 후보자와 지방자치단체장, 구청장 장애체험 행사를 실시한 배경이 궁금합니다.

최창현 장애인이 되는 경험을 통해 장애인을 이해할 수 있도록 하는 것을 '장애체험'이라 합니다. 그러니까 눈을 가리고 지팡이를 짚은 채 걸어본다든지, 귀마개를 한 채 사람들과 소통한다든지, 휠체어를 타고 울퉁불퉁한 길을 오르는 것 등이 모두 장애체험입니다.

법과 제도가 없는 곳에서 국회의원도 아닌데 제가 어떻게 하겠습니까? 우리나라 정치지도자들의 생각이 바뀌어야 합니다. 대통령 후보자나 지방자치단체장이 장애인의 현실의 삶이 얼마나 힘들다는 것을 현장 체험이라도 해봐야 뭔가 장애인 제도 개선의 정책적 의

지가 생기지 않겠냐는 생각에서 시작하게 되었습니다.

사)밝은내일 IL종합지원센터가 주최한 대구시장 후보자, 국회의원 후보자 장애체험행사가 17일 오후 대구 중구 일원에서 열렸다. 정의당 한민정 대구시장 후보, 더불어민주당 서재헌 대구시장 후보, 홍준표 국민의힘 대구시장 후보 부인 이순삼 씨, 국민의힘 이인선 수성구을 국회의원 후보가 중구 약령시건너 버스정류장 인근 편의점 앞에서 전동휠체어를 조종해보고 있다. 윤관식기자 yks@yeongnam.com

1997년 8월에 이회창 대통령 후보자가 장애체험을 한 적이 있습니다. 대통령선거를 앞두고 한나라당사 앞에서 무작정 기다리던 저는 당사를 나서던 이회창 씨를 만나서 붙잡고 장애체험 행사에 참석을 요청했는데 이회창 씨가 흔쾌히 수락하면서 여의도역 장애체험 행사가 극적으로 이뤄지게 되었습니다. 1997년에 여의도역은 리프트나 엘리베이터가 없었습니다. 이회창 씨는 수동휠체어를 타고 보좌관들에게 들려서 계단을 내

1부 나는 장애인이 아니라, 국민입니다

려가다가 10계단도 못가서 힘들어서 못하겠다면서 휠체어에서 내리면서 행사는 마치게 되었습니다. 이것이 인연이 되어, 제가 2001년 미국횡단에 성공하고 한국에 돌아왔을 때 한나라당 이회창 총재는 저를 불러 총재실에서 격려해 준 적이 있습니다.

대구에서는 2002년 지방선거 때부터 대구시장 후보자들이 휠체어를 타고 계단 있는 버스 타기와 지하철 계단 내려오기 체험, 시내 동성로 가게 이용하기 체험행사를 했습니다. 국민의힘 후보자는 당선이 유력하다

보니, 장애체험 참가 요청 공문을 보내면 무시하기 일쑤였는데, 그럴 때는 선거사무실 앞에서 집회를 열어 기필코 참가시켰습니다.

강윤아 요즘 서울 광화문이나 명동에서 1인시위를 하시는 이유는 무엇입니까?

최창현 우리 국군의 뿌리인 홍범도 장군 지키기와 일본 후쿠시마 핵 오염수 투기 반대를 위해 서울로 상경하여 1인시위를 하고 있습니다. 지나가는 시민들의 반응과 호응이 좋습니다. 역사를 잊은 민족에게는 미래가 없습니다. 역사는 과거의 길이 아니라, 현재의 디딤돌입니다.

공무원과 관계소통

강윤아 장애인 편의시설 확대 운동 시, 공공기관의 공무원을 대하는 방식은 어떤가요? 일부에서는 위협적이다, 전쟁치를 기세라고 평가하는 데 동의하시나요?

최창현 저는 합리적인 소통을 중시하는 사람입니다.

그런데 간혹 공무원이 상대가 장애인이라는 이유로 무시하거나, 배척하는 경우가 있습니다. 저는 장애인이 아니라, 헌법에 보장된 권리와 의무를 지닌 국민입니다. 국민의 정당한 요구를 배척하는 공무원은 국가공무원의 복무 자세가 아닙니다.

그럴 때는 황소와 호랑이처럼 강력하게 요구하고, 비판합니다. 요구사항이 받아들일 때까지 끝까지 투쟁합니다. 물론 장애인과 합리적으로 소통하는 공무원도 많이 있습니다.

서로 존중해야 소통할 수 있습니다. 소통의 전제는 상호 인정입니다.

강윤아 장애인 운동을 하시면서, 민주주의 수호의 정치 운동을 함께 하시는 이유는 무엇인가요? 다른 사람들이 정치 운동을 바라보는 거부감은 없나요?

최창현 복지도 정치입니다. 복지가 잘되어야 국민이 존재하고, 나라가 존재합니다. 우리의 모든 삶의 개선이 복지입니다. 나라를 잘 다스리는 것만큼, 가정을 잘 보존하는 것도 국가의 복지라고 생각합니다. 사람들이 나이 들고 늙어지면, 장애인이 됩니다. 힘이 빠지고 혼자의 힘이 없어서 움직일 수 없습니다. 이 또한 장애입니다.

지팡이만 짚는 장애인들 위주로 시설물이나 사회구조

물을 그렇게 만들어 버리면, 휠체어 타는 중증장애인들은 그 건물을 이용할 수 없습니다. 휠체어 타는 중증장애인 위주로 시설을 설계하고 만든다면, 누구든 편안하게 다 이용할 수 있는 것입니다.

국민을 신경 쓰지 않은 채, 자기 권력만 지키려 하고 그것을 유지하고 타협하는 정치에 대해서 거부감을 느낍니다.

장애인도 대한민국 국민이자 주권자입니다. 장애인도 정의를 생각합니다. '아닌 것은 아니다'라고 주장할 줄 아는 국민이 되어야 합니다. 장애인이라고 해서 장애인 쪽 일만 바라보아서는 안 됩니다. 이 땅의 주인이자, 대한민국의 국민인데 어떻게 불의를 보고만 있을 수 있습니까? 장애인 정책은 대한민국 정책의 한 부분입니다. 멀리 종합적으로 바라보아야 합니다.

장애인복지는 대한민국의 변화와 발전이 없이 성장과 변화가 불가능합니다. 우리가 일상 안에서 사물을 대할 때 종종 빠지기 쉬운 실수는, 사물이란 대상 자체에

집착하여 사물이 지닌 본래의 숨겨진 뜻이나, 대상을 넘어 드러나게 하는 실체를 놓치는 것입니다. 이는 나무를 보는데 열중하여 전체 숲을 보지 못하는 경우, 전체 숲이 드러내 주는 장관 속에 파묻혀 나무를 보지 못하는 경우와도 같습니다.

숲과 나무를 종합적으로 바라보는 전략적 사고가 필요합니다.

벽을 넘어 희망으로

2부

벽을 넘어서 희망으로

"행동이 희망의 결과를 만듭니다.

저는 정치란 희망을 만드는 직업이라고 생각합니다.
이게 늘 처음부터 끝까지 제가 가지고 있는
정치에 대한 저의 정의입니다.

근데 그것을 하기 위해서는
정치는 직업이 돼서는 안 될 것 같습니다.
직업으로서의 정치는 실패할 확률이 높습니다.

장애인 운동에 대한 소명과 사명과
책임을 가지고 있는 사람으로서의
정치를 했으면 좋습니다.
국회의원은 직업이 아니라,
희망을 만드는 직업입니다."

보수와 진보의 벽을 넘어서

이쌍규   보수와 진보를 어떻게 정의한다고 생각하시나요?

최창현   진보는 '앞으로 나아간다.'라는 뜻으로 변화에 적극적이고, 기존 질서를 개혁하는 이상 지향적 정치 성향입니다. 반면 보수는 '전통을 지킨다.'라는 의미로 변화에 소극적이고, 기존 질서를 유지하는 현실 지향적인 정치 성향을 의미합니다. 성장과 분배, 권위와 질서, 개인의 사회적 자유, 물질적 가치, 탈 물질적 가치는 정치 성향에 따라 다르게 선호합니다.

진보 · 보수는 절대적 기준이 아닌 방향성을 설명하

는 상대적 개념이며, 한쪽이 옳거나 그른 것도 아닙니다. 정치에는 수많은 이슈가 있고, 이슈마다 개인의 견해가 다릅니다. 서로 다르게 공존하는 때도 있습니다. 개인의 '사회적 자유'를 중시하는 사람이 경제 이슈에 있어서는 '성장'을 선호할 수 있습니다. 진보가 아니면 보수, 보수가 아니면 진보인 것도 아니고, 보수면 나쁘고 진보면 좋은 것도 아닙니다. 내가 진보인지, 보수인지 물어보기 전에 이런 질문을 먼저 해봐야 합니다. 나는 어떤 정치적 사안에 대해, 어떤 생각을 하고 있나? 그 생각은 어떤 성향에 더 가깝나?

낡은 이념의 잣대가 중요한 것이 아니라, 국민 삶의 현장 속에서 느끼는 현실 이념이 중요합니다. 보수와 진보의 차이는 새로운 것을 유지하거나, 변화시키는 단순한 실행 방법의 차이로 바라보아야 합니다. 타도할 적군의 주장이 아니라, 대한민국과 함께할 합리적인 경쟁상대로 지켜보아야 합니다. 그것이 진정한 사회통합의 시작입니다.

벽을 넘어 희망으로

이쌍규 한국 보수와 진보의 문제점은 무엇이라 생각하시나
요?

최창현 한마디로 한국의 진보와 보수는 품격이 없습니다. 어
떤 개인이건 단체건 자기주장을 펼 때 최소한의 논리
와 품격을 갖추어야 합니다. 품격 있는 논리와 행동이
요구되는 엄중한 국가 위기의 시기입니다. 극단적인
보수와 낡은 진보의 이념적 잣대로 국민을 정치 선동
하는 세력보다는 '이성적 보수'와 '합리적 진보'가 국민
통합의 희망 다리에서 다시 만나야 합니다.

만나서 소통하고 화합해야 대한민국의 국격(國格)을 높일 수 있습니다. 우리나라 보수세력은 '반칙의 특권화와 습관화'가 문제입니다. 또 진보세력은 '정의의 독점적 확증편향과 무오류성의 신념화'가 문제입니다. 두 극단의 낡은 세력이 판을 치는 정치 무당의 시대입니다. 선동으로 세상을 바꿀 수 없습니다. 경쟁의 수권 능력이 중요합니다. 정의(正義)의 선동자보다, 정의의 조절자(equalizer)가 더 필요한 시대입니다.

이쌍규 본인이 보수주의자 혹은 진보주의자, 둘 중 어디에 가깝다고 생각하시나요?

최창현 주위 사람들은 흔히 저를 '극진보주의자'라고 생각합니다. 이것은 열악한 장애인 운동의 환경적 요인에서 비롯된 오해라고 생각합니다. 저는 장애인 운동을 할 때 '합리성'을 중요시합니다. 먼저 절차와 과정을 중요시합니다.

예를 들어, 장애인 편의시설 개선 문제를 제기할 때, 현장의 사실관계를 정확하게 먼저 파악합니다. 그 후

해당 기관에 공문을 보내고, 개선촉구를 요구합니다. 개선촉구의 시정이 없으면 책임자의 면담을 요구합니다. 일종의 소통과정입니다. 거듭된 소통 요구를 묵시할 때, 개선촉구의 행동 계획을 공문으로 공개합니다. 공개 후 책임자의 소통 의지에 따라 행동 계획을 결정합니다.

사실, 우리 장애인이 할 수 있는 행동 계획은 비장애인보다 솔직히 많이 없습니다. 우리도 합법적인 대화 방법으로 소통을 진행하고 싶지만, 그런 경우, 우리와 대화 자체를 무조건 거부하거나 무시하는 경우가 많습니다.

완전히 소통이 단절되었다고 판단될 때 마지막 저항의 표현 방식을 사용합니다. 비장애인처럼 손과 발, 입을 자유롭게 사용하지 못하는 관계로, 저만의 언어로 표현할 필요가 있습니다. 저의 언어는 행동입니다. 실천입니다.

정치 운동의 이슈에 대응할 때는 정파적 이익을 추구하지 않습니다. 국민이 동의하는 보편타당한 정치 이슈에만 참가합니다. 보편성을 가지지 않는 정치 운동은 제가 실현하는 장애인 운동의 목표에 해가 될 수 있습니다. 이러한 원칙을 가지고 장애인 운동과 정치 운동을 함께 실천했습니다.

속 깊은 합리적 진보주의자가 원래 저의 모습입니다. 과격한 장애인 운동가가 아니라, 대한민국의 헌법적 가치를 존중하는 평범한 국민입니다.

이쌍규 국민의 한 사람으로서 정치권이 가장 시급하게 해결해야 하는 문제가 무엇이라고 생각하나요? 그러한 문제해결 방안으로 최 대표님이 내놓는 대안이 궁금합니다.

최창현 기득권화된 정치인이 제일 문제라고 생각합니다. 제가 바라보는 한국 정치는 정치인들을 위한 정치인지, 진정한 국민을 위한 정치인지, 분간이 안 됩니다. 정치인들의 말속에는 국민이 없고, 자기들의 기득권 유지와 권력을 지키기 위해서 정치를 하는 것 같습니다. 진정한 정치인이라면 먼저 백 사람의 목소리도 중요하게 들어야 하지만, 소외당하는 한 사람의 목소리에도 더 귀를 기울이는 낮은 자세가 절실히 요구됩니다. 고통 받는 소외계층들에게 소통과 공감으로 함께 호흡하는 '명의의 정치인'이 필요합니다. 지금 날로 늘어나는 다문화나 사회적 문제에 대해서 먼저 고민하고, 그들을 위한 진정한 답을 찾아가는 정책적 법안을 만들어내야 한다고 생각합니다.

알맹이 없는 법안이 아니라, 알이 꽉 차 있는 '민생 법안'을 만드는 역할이 진정한 참 정치인이자, 국민의 심부름꾼이라고 생각합니다. 적대적 공생관계가 아니라, 타협이 이루어지는 희망의 정치를 국민은 원하고 있습니다. 정치는 서로 간에 믿고 있는 정책과 가치를 바탕에 두고, 진일보한 결과물을 내오는 타협의 산물입니다. 교과서적인 정치의 본질을 실천하고 싶습니다.

이쌍규 세대, 성별, 계층 등 국민 간에 정치 경제적 갈등이 커지는 이유는 무엇이라고 생각하시나요? 국민 간 갈등을 해결하기 위해 최 대표님이 제시하는 희망적 미래는 어떤 모습이 궁금합니다.

최창현　우리나라는 해방 이후 6.25 전쟁을 겪으면서 급격한
　　　　사회변화와 격동을 거쳤습니다. 사회의 가치도 빠르게
　　　　변화하고, 산업화 시대에 진입하면서 대가족 중심에서
　　　　핵가족 세대로 바뀌었습니다. 이렇게 시대는 빠르게
　　　　변화했지만, 산업화 시대에서 발생하는 문제점에 대해
　　　　서는 심도 있게 고민하지 못했습니다. 성장 위주의 발
　　　　전만 급급했지, 거기에 따르는 부작용에 대한 정책적
　　　　대안은 없었다고 봅니다.

　　　　지금은 스마트 시대라서 스마트폰 하나로 모든 사회생
　　　　활을 좌지우지합니다. 농경화 시대 때는 전기도 없이 촛

불 하나로 살 수가 있었지만, 요즘은 정전이 한번 되면 모든 것이 마비됩니다. 쉽게 말하면, 스마트폰이 안 되면 정치, 금융, 문화 등 모든 사회생활이 멈춰버립니다.

우리 삶을 바꾸어 놓은 코로나를 보더라도, 백신만 먼저 만들어야 한다고 생각하지, 그로 인해 발생하는 백신의 부작용에 대한 대처방안은 미처 생각하지 못했습니다. 그것까지 고려하는 정책적 실천이 있었더라면, 백신 부작용으로 사망하는 일이 많이 줄었을 거로 생각합니다. 코로나 백신 부작용으로 사망한 사람들의 유족들이 서울 길거리에 천막을 쳐 놓고, 지금까지 농성을 할 일이 없었을 것입니다.

시대를 빠르게 변화시킬 줄만 알았지, 부작용은 연구하지 않았다는 것입니다. 박정희 대통령이 새마을 운동을 하여 우리나라 경제만 살릴 줄 알았지, 제일 중요한 민주주의는 생각하지 못한 이치와 똑같습니다. 부작용을 막을 수 있는 사회 안전망의 버팀목이 필요합니다.

지금 이 시대에 필요한 것은 어릴 때부터 사람을 존중하는 '인성교육' 강화가 절실히 필요합니다. 옛날에 애들이 뛰어놀고 딱지 치는 그런 낭만이 없어지고, 스마트폰의 기계적인 노예가 되고, 사람이 거기에다 맞추다 보니, 자기중심적인 생각밖에 모릅니다. '자기만 최고다'고 생각하니까 귀에 거슬리는 소리는 안 들으려고 하고, 그러다 보니 분노 조절도 안 되고, 묻지 마 범죄, 모방범죄, 자살률 1위의 희망 없는 사회로 몰락하고 있는 것입니다.

사회가 전반적으로 혁신되어야 합니다.
사람을 생각하는 인식도 바뀌어야 합니다.
정치와 정부의 국정철학도 바뀌어야 합니다.
남을 배려하는 사회로 바뀌어야 합니다.

정치인들은 국민을 제일 먼저 생각하는 사람으로 바뀌어야 합니다.
국민은 국가의 주인이라는 최고 의식으로 바뀌어야 합니다.

갈등 해결 방법의 높낮이를 두지 않고, 수평적 관계에서 서로 마음을 열고 대화하고, 상대방을 이해해주는 소통과 공감의 사회를 시급히 만들어야 합니다.

이쌍규 모든 정치인이 민생을 이야기하지만, 다른 대안을 내놓는데, 최 대표님이 생각하는 민생정책은 무엇인가요?

최창현 민생은 국민의 삶입니다. 정치는 국민의 삶을 좀 더 행복하고 편안하게 하려고 벌이는 경쟁입니다. 자신의 가치에 맞는 정책과 노력을 가지고 국민의 삶을 어떻게 하면 편안하게 할까, 하는 정책 경쟁입니다. 그게 민생이고, 그 민생을 잘해야 하는 것이 정치의 속성이고, 정치의 본질이라고 저는 생각합니다.

그런데 지금 정치인은 국민이 뭘 원하는 것인지 잘 모르고 있습니다. 국민이 어떤 정책을 원하는지도 모르고, 자기네들 생각대로 탁상공론의 그림 속에 국민을 끼워서 맞추려고 하고 있습니다.

국민 한 사람 한 사람의 색깔에 맞게 구체적으로 국민

의 요구를 맞추어 주는 '맞춤식 민생 재단사'가 되어야 한다는 것이 저의 민생정책 기본입니다. 국민 민생에 맞추는 맞춤식 정치를 해야 합니다.

벽을 넘어 희망으로

장애인 정책의 최근 관심사

이쌍규 최근 가장 관심을 두고 있는 장애인 정책은 무엇인가요?

최창현 장애인 편의 증진법과 장애인차별 금지법, 장애안 고
용촉진 및 직업 재활법입니다.

특히 장애안 고용촉진 및 직업 재활법이 시행된 지가
25년이 되었지만, 시대에 맞게 변화 발전하지 못했습
니다. 사람으로 치면 유치원 때 신던 신발을 초, 중학
교를 지나서 고등학생이 되었는데 유치원 신발에 발을
맞추라는 꼴입니다. 발에 맞추는 신발이 되어야 하는
데, 신발에 발을 맞추는 형식이니, 이것은 장애인을 위

한 법이 아니고 장애인을 차별하는 법입니다.

벽을 넘어 희망으로

현행법에서는 사업주에게는 장애인을 고용하면 고용
장려금을 지급하고 있는데 막상 장애인 근로자에게는
근로지원금 지원이 없습니다. 장애인 근로자에게는 교
통비와 작업보조공학기기, 장비 지원에 그치고 있습
니다. 그렇다가 보니 장애인직업 재활 시설에서 일하
는 장애인들은 적게는 한 달에 5만 원, 많게는 한 달에
80여만 원으로 월평균 37만 원의 급여를 받는 것으로
나타났습니다.

(단위: 명)

구분	총계	10만원 미만	10만~ 30만원	30만~ 50만원	50만~ 70만원	70만~ 100만원	100만원 이상
2019년	8971	323	3598	2933	1162	600	355
2020년	9005	317	3734	2848	1220	557	329
2021년	9475	330	3958	2919	1379	553	336
2022년 8월	6691	161	2628	2339	905	453	205

2019~2022년 8월 말 기준 금액별 최저임금 적용제외 장애인 월 평균 임금 현황 [자료=우원식 의원실]
2022.09.16 swimming@newspim.com

최저임금법에는 최저임금 예외 대상으로 정신적, 신체
적 장애가 있어 근로능력이 현저히 낮은 자로 정하고
있습니다. 장애인 근로자가 제대로 된 급여를 받아 인
간다운 삶을 살아갈 수 있도록 장애인 근로지원금, 보
충급여지원 정책이 필요합니다. 그뿐만 아니라 기초생

활 수급 장애인의 근로소득 공제율을 높여 근로 의지를 고취하는 정책이 필요합니다.

[서울=뉴스핌] 백인혁 기자 = 중대재해기업처벌법 제정 운동본부 관계자들이 22일 오후 서울 중구 서울지방고용노동청 앞에서 반복되는 사고를 막기 위한 고(故) 김재순 노동자 산재사망 해결 촉구 기자회견을 열고 구호를 외치고 있다. 2020.07.22 dlsgur9757@newspim.com

장애인의 삶을 실제로 변화시킬 수 있는 보편적이면서도 섬세한 조치가 필요합니다. 과거 장애등급에 의해 활동 지원 서비스 제공 대상을 일률적으로 제한한 것처럼, 사업장 면적에 의해 장애인이 접근할 수 있는 공중이용시설을 일률적으로 제한하는 행정편의주의에 빠져 있습니다.

장애인 편의 증진법과 장애인차별금지법은 배려 차원

벽을 넘어 희망으로

의 문제가 아니라, 시민이 마땅히 누려야 할 헌법적 권리입니다.

보건복지부 정책담당자들은 이점을 정확하게 기억해야 합니다.

지금 차별금지법도 들여다보면 차별이 수없이 많은데, 지금 현실에 맞지도 않는 현행법을 맞추니까 법안이 현실에 맞지 않는 결과를 초래하는 것입니다.

저는 장애인이나 소외계층, 다문화 가족들에게 현실적으로 도움이 되는 맞춤식 법안을 만들고 싶습니다.

이쌍규 청년 정치가 세대 편 가르기를 조장하고 있다는 평가가 있는데, 이에 대해 어떻게 생각하시나요?

최창현 대한민국의 청년 정치가 발전하려면 국가 사회를 어떻게 바꾸겠다는 '미래비전'이 있어야 합니다.

그저 껍데기만 청년에 불과하고, 습성과 행태는 60대

이상의 정치인들과 다를 바가 없는 청년 정치가들도 있습니다. 기성정치인들의 심부름꾼이나 꼭두각시에 불과합니다. 결국, 청년 정치라고 하는 것도 청년의 실력이 뒷받침되어야 합니다. 지금의 청년 정치는 엘리트 위주로 돌아갑니다.

본격적으로 정치 활동을 하기 위해서 자금이 많이 필요합니다. 게다가 정치 후원도 제한적으로 이뤄지기에 결과적으로 소위 중상류 출신 자제만의 정치가 되고 있습니다. 이로 인해 청년 당원들과 청년 정치인들 사이에 괴리가 많이 생기는 경우가 많습니다. 청년 정치인이면서, 기성정치인과 사고관이나 행보가 엇비슷할 때가 있는 이유가 바로 이것입니다. 콘텐츠가 살아있는 청년 정치를 희망합니다.

강윤아 정당 정치활동은 언제부터 시작하였습니까?

최창현 정당에 들어가서 정치를 직접 해본 적이 없습니다. 국회의원님이나 정부 당국에 장애인 제도 개선에 대한 요구 활동을 많이 했습니다. 이런저런 것은 잘못됐으니, 바뀌어야 한다고 요구했고, 요구사항에 대한 대책이 미흡할 때는 실천과 행동으로 싸웠습니다.

강윤아 정치에 본격적으로 참여해야겠다고 결심하게 된 계기는?

최창현 현실에 맞지 않은 제도와 부딪히고 싸우다 보니 실천 투쟁도 좋지만, 장애인 당사자로서 당사자에게 맞는 맞춤식 장애인 정책 법안을 직접 만들어야겠다는 생각이 들어서 2010년도부터 조금씩 마음먹기 시작했습니다. 그렇다고 정치권에 무작정 기웃거린 것은 아닙니다.

최근 대한민국 시각장애인 피아니스트 출신인 국민의힘 21대 김예지 국회의원의 의정활동을 보고 더 결심을 굳히게 되었습니다. 김 의원은 시각장애인이지만, 비례대표 0번인 안내견 '조이'의 도움을 받고 있습니다. 조이는 국회 본회의장과 상임위원회 회의장 등에 출입이 가능합니다. 시각장애인 국회의원이 비장애인 의원과 동등한 권한을 행사하는 데 지장이 없도록 충분히 국회에서 지원하고 있습니다. 장애인복지법 40조와 장애인 차별금지법 4조는 안내견의 출입은 어떤 공공기관이든 모두 보장받고 있습니다.

김 의원의 사례를 비추어 봐도 저도 비록 중증장애인이지만, 국회 의정활동을 수행하는 데는 큰 문제가 되지 않는 판단이 섰기 때문에 참여를 결심했습니다.

강윤아 정치를 시작하는데 주위의 반대는 없었나요?

최창현 조금은 있었고, 찬성한 사람도 의외로 많았습니다. 새로운 도전이라고 격려하는 사람도 많습니다.

강윤아 2016년 국민의당 대구시당 공동위원장을 하시게 된 계기는 무엇인가요? 누가 추천했나요?

최창현 당시 아는 지인의 추천으로 잠시 활동했습니다. 지인의 공개는 개인정보 보호법에 따라 공개는 불가합니다. 미안합니다. (웃음)

강윤아 2022년 민주당 "장애인제도개혁특보 위원회" 특보와 대한민국 대전환 선거대책위원회 "더 좋은 시민위원회 위원장"으로 임명된 계기가 궁금합니다.

정권이 교체되면 그동안 만들어온 민주주의의 좋은 제도가 뿌리째 흔들린다는 생각 때문에, 제 전문 분야인 장애인 정책 수립에 도움을 주기 위해 선거조직에 참여하게 되었습니다.

강윤아 비례대표 국회의원 출마를 결심한 배경이 궁금합니다.

최창현 1990년대 민주화 운동과 함께 장애인 인권운동은 주류 사회문화적 억압에 대항해 사회적, 정치적 인정을 획득하는 것을 목표로 자기 목소리를 내기 시작했습니다. 장애인의 정치참여를 위해 장애인계는 선거 시 정당한 투표권 행사를 위한 합당한 조치를 요구하면서 장애인 비례대표를 주장했고, 그 결과 1996년 15대 국회에 장애인비례대표로 지체장애인 이성재 변호사가 국회에 입성했습니다. 그 후, 현재 21대 국회까지 12명의 장애인비례대표 국회의원을 배출했습니다.

1996년 장애인비례대표의 첫 배출 이후 장애인들은 총선 때마다 장애인을 대변할 장애인 국회의원 배출을 통해 소외돼왔던 장애인정책과 예산에 큰 변화를 이끌어 오길 원했지만, 결과는 늘 기대에 미치지 못했습니다.

장애인비례대표는 장애인 출현율 5.39%를 기준으로 적어도 국회의원의 5%는 장애인에게 할당돼야 합니다. 그러나 장애인비례대표 국회의원 수는 항상 1% 수준에도 못 미치고 있습니다.

전문성이나 대표성 없이 감동적인 사연 중심의 인물을 비례대표로 선출할 것이 아니라, 진정으로 장애인계를 대변할 수 있는 인물을 내세워야 합니다. '복지에서 문화로', '남성 중심에서 여성 중심으로', '단체장에서 현장 전문가로', '경증장애에서 중증장애로' 변화해야 합니다. 장애인비례대표가 단순한 약자 구색 갖추기가 아니라, 장애인을 위한 비전과 함께 그 실행을 위한 구체적인 방안을 제시할 수 있는 역량을 갖춘 장애인으로 영입되어야 합니다. 장애인 비례대표는 장애인계를 잘 알아야 하고, 전문성과 도덕성이 있는 인물이

어야 합니다. 장애인복지의 노동정책 · 노령 장애인 정책 등 새로운 콘텐츠로 승부를 걸 수 있는 인물이 영입되어야 합니다.

강윤아 비례대표 국회의원 출마의 구체적 이유를 말씀해주세요.

최창현 장애인이나 소외된 사람들을 위한 맞춤식 제도를 제대로 한번 만들어 봐야겠다는 생각과 진정한 국민의 대변인 모습을 한번 보여주자는 뜻도 있습니다. 더 구체적인 출마 이유를 말씀드리겠습니다.

장애인 사회 복지에 대한 질과 활용성을 높여 복지 사각지대에 필요한 법안을 직접 제정하려고 합니다.

장애인의 몸으로 태어난 저는 누구보다 장애인의 삶과 생활환경에 대해 알고 있고, 장애인에게 필요한 것이 무엇인지, 또 어떤 것을 보완해야 하는지 너무 잘 알고 있습니다. 제대로 된 법의 보호를 받지 못하고 있는 노약자, 임산부, 장애인, 독거노인, 다문화 가정 등 사회에서 소외되고 외면하고 있는 부분을 세밀하게 살펴

약자뿐만 아니라, 비장애인들의 생활에도 도움이 될 수 있는 법안을 제정하고, 조금 더 편리한 생활, 조금 더 행복한 사회를 만들 수 있도록 노력하겠습니다.

저는 선천성 뇌성마비로 태어났기 때문에 세상과 단절된 채 30세까지는 방 안에서만 지내야만 했습니다. 20대에는 가족에게 짐이 되지 않기 위해 장애인 시설에 연락을 취해보기도 하고, 시설에서 지내려고 직접 방문한 적이 있습니다. 하지만 시설에서 지내고 있는 장애인들의 환경이 너무 열악하였고, 장애를 가지고 태어났다는 이유 하나만으로 가치관과 존엄성을 무시당하며 자유와 인권을 외면당한 채 살아가고 있었습니다.

벽을 넘어 희망으로

짐승처럼 사육되는 모습을 보고 큰 충격을 받아 그들의 인권과 권리를 찾는 일에 앞장섰으며, 물불 가리지 않고 싸우면서 장애인 운동가가 되었습니다.

사회 인권운동, 권익 옹호, 배리어 프리 활동 등 사회적 편견을 이겨내고, 곳곳에서 크고 작은 승리를 이루어냈습니다. 그 승리를 보고 저와 같은 사회적 약자들과 비장애인에게 희망을 전하고 있습니다. 겁먹지 말고 도전하면 이룰 수 있습니다. 지금도 장애인식 개선과 편의시설 조사 등을 통해 세상의 인식과 환경을 꾸준하게 변화시키고 있습니다.

20년 전보다 복지가 많이 좋아졌다 하더라도, 이 사회는 아직 약자들이 살기엔 너무나 열악한 환경입니다. 장애인이란 이유로 차별받고 있는 국가인권위원회 진정 사례가 수도 없이 많습니다. 장애인의 권리를 보호하기 위해 장애인 차별금지법이 있다고 하지만, 수많은 부정적인 시선과 무시를 이겨내야 했고, 장애인들을 생각하며 끝없이 부딪히고 또 부딪혀 편견의 장벽과 싸워야 했으며, 그들의 권리를 옹호하고 찾아주기 위해 열심히 싸웠습니다.

장애인 시설의 비리를 척결하는 것에 앞장서 왔고, 저상버스 도입과 잘못된 제도를 바꾸기 위해 공무원들과 싸워왔습니다. 또한, 장애는 불가능이 아니라는 인식을 바로 잡아주기 위해서 많은 횡단에 도전했고, 극복하는 것을 몸소 보여주어 장애인을 바라보는 인식을 바꾸려고 노력해 왔습니다.

수많은 벽에 부딪히며 제가 몸소 느낀 것이 있는데 제일 중요한 것은 제도가 아니라, 인식이라는 것입니다. 인식이 바뀌어야만 제도가 생기고, 그 법을 지킬 수 있다는 것입니다. 그럴 때만이 사회적 약자들이 소외당하지 않고, 공동체 사회 안에서 동등하게 살아갈 수 있으며 발전할 수 있을 것입니다.

전국장애인차별철폐연대(전장연)가 지하철을 점거하여 출퇴근하는 시민들이 어려움을 겪고 있는 것은 장애인을 위한 제도가 마련되어 있지 않기 때문입니다. 장애인분들은 추운 날, 시민들의 온갖 비난을 받으면서 시

위하고 있습니다. 다시는 이런 일이 일어나지 않도록
법과 제도를 만드는 역할을 하고자 합니다.

저는 도전하는 사람입니다. 모두가 불가능하다고 안 된
다고 얘기했던 것들을 저는 해냈습니다. '장애인은 할
수 없다'란 편견을 깨부수고 좌절을 극복해냈습니다.

1999년 국토종단을 시작으로 2000년~2001년 미국 종
단, 2003년 일본종단, 2006년~2007년 유럽과 중동 횡
단 및 기네스 등재, 2015년 24시간 동안 최장 거리 달
리기 기네스 등재, 2017년 다시 한번 최장 거리 달리기
기네스 등재 등 하나의 기네스 등재도 어려운데 두 개
의 기네스 기록을 보유 중입니다.

미국을 횡단하면서 장애인, 어르신, 임산부 대중교통
을 편안하게 이용하는 저상버스 운행을 보고, 우리나
라에서 '장애인 버스 타기 운동'을 시작하게 하는 계기
를 만들었습니다. 장애인 자립(independence living) 생활
제도를 정착시키기로 했으며, 지금은 제도가 정착되어
국가 예산도 나오게 되었습니다. 이러하듯 멈춰 서 있

는 것이 아니라, 계속해서 인식을 바꾸기 위해 노력해야 하며 그에 맞는 제도와 법이 마련된다고 생각합니다.

난방비가 없는 사람들, 보호자가 없어 혼자서 생을 마감하는 사람들, 결식아동들, 소년소녀가장, 노령화, 다문화가정 등 복지 사각지대에 있는 이들을 보호할 구체적인 방안과 대안을 마련해야 합니다. 사회적 약자들이 보호받고 권리를 누릴 수 있도록 당장 법안을 만들어야 합니다. 또한, 97년도에 만들어져 25년 동안 변하지 않고 똑같은 장애인 편의 증진법안을 현실에 맞게 한 사람 한 사람 필요한 혜택을 받을 수 있는 맞춤 복지가 이루어질 수 있도록 만들어야 합니다.

다르다는 이유만으로 차별받지 않는 환경, 소외당하지 않고 똑같은 권리와 똑같은 복지를 이용할 수 있는 공생의 대한민국이 되도록 역할을 한번 해보겠습니다. 아직 저는 부족합니다. 그러나 대한민국 국민이라면 국민으로서 삶을 누릴 자기 결정권의 자유와 권리가 있습니다. 누려야 할 것들을 누리지 못하고 있는 모든 약자의 권리를 찾아주기 위해 그들의 대변인이 되려고 합니다.

약자에 관한 관심을 높이고, 잘못된 것을 바로잡고 복지 관련된 법안제정을 보완하고 개선할 것이며, 모든 국민이 사람다운 삶을 사는 대한민국을 만들기 위해 노력할 것입니다.

아직 저는 부족합니다. 포기하지 않고 낮은 자세에서 끝까지 도전하겠습니다.

강윤아 비례대표 국회의원 출마를 공개적으로 선언하신 이유가 있나요?

최창현 기존 비례대표 국회의원 선출방식은 밀실에서 비공개적으로 이루어졌습니다. 정당 지도부의 전략적 필요와 권력의 인연 관계에 따라 선출되었습니다. 하지만 이제 시대가 달라졌습니다. 비례대표 국회의원도 공개적이고 민주적인 방식으로 선출되어야 합니다. 비례대표 국회의원도 국민이 선출해야 합니다. 국민의 지지를 받는 비례대표 국회의원 선출 방식을 만들어야 합니다. 선출방식이 민주적으로 만들어지기를 촉구하기 위해 선출직 국회의원 후보는 아니지만, 비례대표 국회의원 출마 도전을 공개적으로 밝히는 것입니다.

경쟁의 시대입니다. 장애인 부분의 대표 비례 국회의원이 되고자 합니다. 정치도 도전입니다. 많은 국민 여러분의 관심과 참여를 부탁드립니다.

강윤아 비례대표 국회의원 출마를 위해 어떤 활동을 하고 계신지 궁금합니다.

최창현 특별한 조직 활동을 하는 것은 아니고, 제가 그동안 해왔듯이 장애인 권익옹호 운동을 평소대로 해오고 있습니다.

제 정치적 경쟁의 콘텐츠는 '장애인 운동'입니다. 기본에 충실하면서, 비례대표 국회의원에 도전을 준비하고 있습니다.

강윤아 비례대표 국회의원의 자질과 덕목은 무엇이라고 생각하시는지?

최창현   말 그대로 국민을 먼저 생각하고 국민을 섬기는 자세로 임해야 한다고 생각합니다. 말과 행동이 경솔하지 않아야 하고, 열 사람, 백 사람만큼 한 사람의 말도 더 소중하게 생각하는 열린 사람이 되어야 합니다. '아닌 것은 NO다'라고 할 줄 아는 정치적 소신이 있어야 합니다. 권력보다 국민을 먼저 생각해야 합니다. 몇 번이고 말하지만, 국민에게 맞는 맞춤식 장애인 정책 법안을 만드는 낮은 자세를 가져야 합니다.

강윤아   어느 정당에 비례 국회의원을 신청할 생각인가요?

최창현   저의 비례대표 국회의원 신청기준은 단 하나입니다. 장애인 정책을 올바르게 시행할 수 있는 합리적인 정당에 신청할 계획입니다. 내년 4월 총선이 다가오면, 여러 전문가와 긴밀히 소통하고 협의하여 공개적으로 발표하겠습니다.

한 가지는 꼭 약속드리겠습니다. 제가 비례 국회의원

이 되려고 하는 것은 입신양명이 아니라, 제가 받은 사회적 달란트를 사회적 약자에게 다시 돌려주어야 하는 인생의 '마지막 봉사'라고 생각합니다.

강윤아　만약에 비례대표 국회의원으로 당선된다면, 가장 중점적으로 추진하고 싶은 일은?

최창현　장애인 편의 증진법과 장애인 차별금지법, 장애안 고용촉진 및 직업 재활법'을 제대로 만들고 싶습니다.

15년 동안 사회가 변화하고 장애인에 대한 권리의식이 높아졌지만, 그동안 장애인 차별법은 전면 개정이 한 번도 되지 않았습니다. 15년 전 장애인차별금지법이 시행되며 사람들은 장애인을 차별하면 안 된다는 것을 인식했고, 장애인 차별에 대해 구제를 할 수 있게 되었습니다. 그러나 장애인차별금지법이 시행됐을 때 모든 생활영역에서 장애인 평등권 실현을 목표로 했지만, 실효성이 부족해 여전히 장애인들이 차별받고 있습니다.

이젠 달라져야 합니다. 법이 장애인의 구체적인 권리를 보장할 수 있도록 개정돼 진정으로 장애인 차별을 해소하고 평등한 삶을 살 수 있게 만들어야 합니다.

전면 개정 방향으로는 변화하는 사회환경 반영, 권리구제 방안 확대, 장애의 정의와 권리의 범위 확대, 새로운 관련법의 적용, 발달장애인에 정당한 편의 제공 명시 등을 제시할 수 있습니다.

구체적으로 제1조 목적 속 '장애를 이유로 한 차별'을 '장애인에 대한 차별'로 바꿔 직접차별이 아닌 모든 차별이 포함되도록 수정해야 합니다. 장애 정의에 '사회적 요인'을 포함, 차별행위에 '괴롭힘' 규정, 국가 및 지자체의 장애인차별금지 교육 의무화 등도 조항에 추가로 넣어야 할 것입니다. 변화하는 사회환경을 반영해 괴롭힘 조항에 '온라인' 부분도 추가하는 부분도 필요합니다.

장애인 편의 증진법은 편의시설 대상 시설을 전면 확대해야 하고, 1997년 법 제정 시 권장사항이던 편의시설을 전면 의무화해야 합니다. 소수 장애인을 위한 편의시설도 의무화해야 합니다. 그리고 장애고용촉진 및 직업재활법은 보충 급여제 또는 장애인 근로지원금을 신설해야 하고, 기초생활 수급자의 근로소득 공제율을 높여 근로의욕을 고취해야 합니다.

그 외 신설조항으로는 감염재난 상황에서의 차별금지 규정, 가족, 가정과 복지시설의 구분 별도 조항으로 신설, 탈시설 지원에서의 차별금지 규정, 정신적 장애인의 특수한 차별금지 규정, 단체/집단소송, 징벌적 손해배상, 권리 옹호 과정 피해자 보호조치 등도 검토해야 합니다. 법이 실효성을 가지고 이행될 수 있도록 국민 여러분의 많은 관심이 필요합니다.

강윤아 현 장애인 대표의 여야 국회의원 의정활동을 어떻게 평가하는지?

최창현 제가 어떻게 감히 평가할 수 있겠습니까? 각자 그분들의 정책적 소신과 신념이 있는데, 제가 비판의 이유를 달수가 없지요. 그분들은 나름대로 열심히 의정활동을 수행했습니다. 설령 부족했다 하더라도 장애인과 함께 가야 하는 우리 가족이자, 동반자입니다.

최대표의 여러 정치적 생각들

강윤아 최 대표님이 생각하는 정치철학은 무엇인가요?

최창현 첫째, 권력보다 국민을 먼저 생각해야 합니다.

둘째, 사회적 강자보다는 소외된 사회자 약자를 존중해야 합니다.

셋째, 국민에게 말과 행동이 같은 언행일치의 정치를 해야 합니다.

넷째, 말로만 하지 않고, 행동으로 보여주는 실천 정치를 해야 합니다.

강윤아 최 대표님이 주장하는 '벽을 넘어서 희망으로'라는 뜻은 무엇인가요?

최창현   저는 장애를 가지고 태어났습니다. 저는 장애가 있었기 때문에 포기하지 않고 계속 도전했습니다. 레몬을 받으면 레몬즙을 만들 수 있습니다. 저에게 불행이 오면 저는 그것을 행복으로 만들고 행운으로도 만들 수 있는 '희망의 도전정신'이 있습니다. 사람은 생각과 바른 마음이 빛나는 황금과 같아야 한다고 생각합니다. 오랜 세월 동안 땅속에 묻혀있거나, 어딘가에 묻혀있더라도 잘 변하지 않기 때문에 올바른 마음과 정신은 항상 황금과 같아야 합니다.

저의 장애는 끊임없이 새로운 것에 도전하라는 희망의 메시지입니다. 생각에 머물지 않고, 행동으로 실천하면 행동이 희망의 결과를 만듭니다. 저는 정치는 희망을 만드는 직업이라고 생각합니다. 이게 늘 처음부터 끝까지 제가 가지고 있는 정치에 대한 저의 정의입니다. 하지만 정치는 직업이 돼서는 안 될 것 같습니다. 직업으로서의 정치는 실패할 확률이 높습니다. 장애인 운동에 대한 소명과 사명과 책임을 지고 있는 사람으로서의 정치를 했으면 좋습니다. 국회의원은 직업이 아니라, 희망을 만드는 직업입니다.

강윤아 최 대표님은 어떤 정치 리더십을 추구하시는지요?

최창현 적대적 공생관계의 정치 양극화 해결 방법은 여러 가지가 있습니다. 일단 양당의 배타적 전략 주의를 국민 여러분이 온몸으로 거부해야 합니다. 양당은 민주주의의 다양성을 보장하는 '공화주의적 중도화 전략'의 정당 내부 노선으로 시급히 전환해야 합니다. '진보 대 보수의 이분법'의 적대적 프레임을 과감히 포기해야 합니다. 특히 대통령과 당 대표 측근 중심의 공천방식을 폐지하고, 완전 국민경선제를 양당 공동으로 법제화시켜야 합니다.

강윤아 대한민국에 있는 나와 같은 장애인 예비 정치인에게 한마디 격려의 목소리를 낸다면?

최창현 먼저 내가 아닌 타인을 먼저 생각하라고 말씀드리고 싶습니다. 나는 장애인이라서, 나만 제일 힘들다가 아닌 내가 장애를 가짐으로써 또 다른 하나의 능력이고, 그 능력을 동료 장애인들에게 본보기가 되는 모습으로 먼저 보여주어야 합니다. 예비 장애인 정치인분들에게는 나를 위해서 정치를 하는 것이 아니라, 내 동료의 조금 더 나은 내일의 삶을 위한다는 마음으로 정치에 임해주시면 좋겠습니다.

강윤아 현장에서 본 국회의원의 장애인 정책 인식 수준은 어떻다고 평가하시는지?

최창현 자리에 급급하지 않으며, 내가 먼저 무엇을 하기 위해 국회의원이 되었나를 먼저 생각해주시면 좋겠습니다. 법안 하나를 만들더라도, 보여주기식이 아닌 변화된 현실에 맞는 법안을 제대로 하나 만드는 것이 중요하다고 생각합니다. 장애인법은 보여주기 위한 법이 아니라, 사회적 약자의 생존 보장 법률입니다.

강윤아 장애인 인권운동을 하실 때 가장 잘했다고 생각하는 일은 무엇인가요?

최창현　다 말할 수는 없지만, 알몸 시위까지 하면서 만든 장애인 자립(Independent living) 제도를 우리나라에 정착시킨 것이 제일 큰 보람입니다. 장애인복지에 있어서 전문가는 교수가 아닌, 당사자 장애인이 진정한 전문가입니다. 이런 새로운 패러다임은 2005년도에 시작되었고, 매우 부족했지만, 지금은 정착 단계 수준에 와 있습니다.

장애인 자립(Independent living)속에는 장애인 활동 보조제도도 포함되어 있습니다.

저는 탈시설과 장애인 거주시설 당사자 선택 로드맵을 제시했습니다. 저는 시설도 같이 공유하는 개방적 사고가 있어야 한다고 생각합니다. 탈시설도 동의하지만, 장애인시설의 순기능도 인정해야 한다고 생각합니다. 시설이 존재하지 않으면, 진정한 당사자의 선택권이 박탈당하는 것과 같다고 생각합니다.

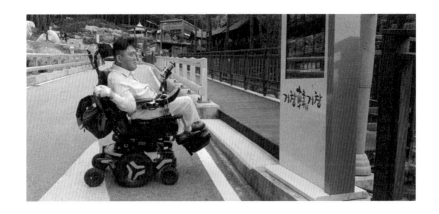

강윤아   장애인 인권운동을 하실 때 가장 후회되는 일은 무엇
인가요?

최창현   딱 한 번 있습니다. 2006년에 유럽, 아프리카, 중동 횡
단을 중단하고 돌아왔을 때, 나쁜 직원 하나가 장애인
회원들을 단합하고, 선동하여 저를 횡령이라고 누명을
씌우셨습니다. 같이 함께해온 장애인 회원들이 저를
단체에서 몰아내려 모함을 하고, 고소, 고발당할 때가
제일 힘들었습니다. 중증장애인들 삶을 더 보장해주기
위해서, 투쟁하고 싸워온 것이 그때만큼 후회된 적이
없었습니다. 저의 결백함을 하늘이 아셨는지, 법원에서
도 전부 무죄 판결을 받았습니다. 조직 생활에서 인간관

계의 진정성을 경험으로 체득하는 시간이었습니다.

강윤아 장애인 인권운동을 하실 때 가장 힘들었을 때는?

최창현 대구시와 경찰, 검찰로부터 탄압받아서, 2011년 6월 대법원으로부터 공용물건손상 등의 혐의로 징역 8개월 확정 선고를 받고, 포항교도소에 수감 중일 때가 힘들었습니다. 포항교도소가 의료처우를 제대로 해주지 않고, 평상시 복용하던 진통제도 반입을 못 하게 하였습니다. 수감 이후 허리통증이 심해져 휠체어에 앉지 못하고, 누워서만 지내고 있었습니다. 교도소에서 제공하는 신약 진통제는 몸에 맞지 않아, 교정 당국이 억지로 약을 먹게 해 위가 나빠져 1주일 동안 식사도 제대로 못 했습니다. 상식적인 의료 조치 요청이 무시되고, 환자의 통증을 무시하고 생명만 유지하는 선에서 진통제 주사 정도로만 의료 조치를 한다는 것은 장애인에 대한 일종의 고문이었습니다. 그러나 잘 견뎌 내었습니다.

강윤아 장애인을 둔 부모나 보호자, 혹은 거주 시설에 계신 장애인에게 해주고 싶은 말씀이 있나요?

최창현   장애는 불행이 아닌 또 다른 행복이고, 신이 나에게 준 선물이라는 생각을 해주십시오. 제가 독일을 횡단하면서 들었던 이야기가 있습니다. 독일에 사는 우리나라 동포분의 옆집에 중증장애인을 데리고 있는 가정이 살고 있었다고 합니다. 그 가정에서 부모들은 매일매일 콧노래를 부르곤 해서 우리 동포분이 저렇게 장애가 심한 자녀도 있는데 뭐가 저리 콧노래가 나올까 하는 생각을 하고 궁금해서 한번 물어봤다고 합니다.

"자녀도 이런데 뭐가 그렇게 기쁘냐?"고 했더니 그 부모님이 말씀하시기를 "왜 걱정을 해야 합니까? 정부나 지자체에서 알아서 다해주는데. 그리고 나는 절대 우리 딸을 걱정거리라 생각 안 하고 똑같이 평범한 자식이라고 생각합니다."라고 말씀하는 것을 듣고 너무 감명받았다고 합니다.

맞습니다. 장애는 부모의 책임도 아니고, 그 당사자의 책임도 아닙니다. 장애인이라고 해도 이 나라의 주인이고, 국민이기 때문에 국가가 평생 삶을 보장해주어야 한다고 생각합니다.

독일의 장애인 가정처럼, 우리나라에 장애를 둔 부모님들도 걱정이 아닌 '희망의 콧노래'가 나올 수 있는 정부를 만들 수 있도록 서로 연대하여 힘이 되어주시면 고맙겠습니다.

강윤아 최 대표님은 어떤 정치인이 되고 싶나요?

최창현 장애인복지를 제일 먼저 생각하는 사람, 독일처럼 장애인 당사자나 보호자들이 콧노래가 나올 수 있는 그런 차별 없는 세상을 만드는 데에 흔적을 남기는 정치인이 되고 싶습니다.

강윤아 정치인으로서 가장 롤 모델(role model)로 생각하는 정치인이 있을까요?

최창현 노무현 대통령을 좋아하고 존경합니다. 노무현 대통령 어록 중 "사람이 되어야 합니다. 따뜻한 사람이 되어야 합니다. 나하고 가까운 우리에게만 따뜻한 사람이 아닌, 넓은 우리에게 따뜻한 사람이 되어야 합니다."를 가장 좋아합니다.

강윤아 우리나라에 성공한 대통령이 있다고 생각하십니까? 그 이유는 무엇이라 생각하나요?

최창현 저는 김대중 대통령, 그리고 노무현 대통령을 성공한 대통령이라고 평가하고 싶습니다. 김대중 대통령은 시대정신을 잘 읽고, 그야말로 우리나라가 전 세계에서 정보화가 된 디지털 기반의 대한민국으로 한 단계 업그레이드 하는 데 있어서, 가장 큰 공로가 계신 분입니다. 그 전략으로 IMF라고 하는 국가 위기 상황을 극복한 진짜 리더십이 출중했던 정치인입니다. 노무현 대통령은 그야말로 반칙과 특권이 없는 사회를 위해서 결단했고, 또 국가 균형발전을 위해서 정말 수도 자체를 옮기고자 했었던 위대한 국가 균형 발전론자로서 역사적 평가를 하고 싶습니다.

3부

장애는
또 다른 도전이다

"장애는 장애물이 아니라,
새로운 것에 도전할 기회를 부여받은 사람입니다.

장애는 도전입니다.
포기하지 않고 끝까지 나아가야 합니다.
꿈은 꿈으로만 끝나지 않고,
언젠가 반드시 이뤄집니다.

저의 '호기심'은
자신을 탐구하게 하였고, 도전하게 했습니다.
그리고 실의에 빠진 사람들에게
용기와 희망을 선물했습니다.

저의 도전을 본 누군가
다시 일어설 용기와 열정을 가질 수 있기를 소망해봅니다."

출생과 집안 분위기

이쌍규 고향은 어디십니까? 성장기를 듣고 싶습니다.

최창현 경상북도 고령군 덕곡면 옥계리에서 1966년 1월 추운 겨울날 태어났습니다. 가야산 줄기를 이루는 푸근한 산과 한여름에도 얼음 같은 맑고 시원한 물로 둘러싸인 오지의 깊은 시골 마을입니다. 그 후 돌도 지나지 않아서, 아버지 사업으로 인해 대구로 이사 왔습니다.

이쌍규 부모님은 어떤 분들이셨나요? 가족관계는? 집안 분위기는 어땠는지?

최창현 옛날에는 다 그랬듯이, 아버님은 엄하셨고 어머님은 온화하셨습니다. 두 분은 항상 뭘 하시더라도 가족들을 먼저 생각하시는 분이었습니다. 가족관계는 아버님, 어머님, 할머님, 형님, 저와 같이 태어난 쌍둥이 동생입니다. 당시 집안은 가난했고, 저의 장애와 말썽꾸러기 형님 때문에 근심이 많은 집 분위기였습니다. 특히 사춘기에 접어든 형이 나쁜 친구들과 어울려 다니면서 사고치고 가출하기를 반복했습니다.

이쌍규 나에게서 아버지와 어머니는 어떤 의미인가요?

최창현 3남 2녀의 장남인 아버님은 가정형편이 어려워 초등학교만 졸업했습니다. 그러나 공부에 대한 열정이 있으셔서 한문을 독학하시고, 스물두 살에 열여덟 어머니와 결혼하여 형을 낳고 일본으로 돈을 벌러갔습니다. 힘든 일본 생활이었지만, 토건과 건설 분야의 능력을 인정받아 논과 밭을 사고, 삼촌들 공부시키고 장가보낼 만큼 돈도 많이 버셨습니다.

당시 아버님이 일본에서 64년도에 귀국하셨는데, 고

령에 '부자 나왔다' 하면서 소 돼지를 잡고, 마을 잔치도 일 년 내내 하셨다고 합니다. 그 당시 고령군수도 오고, 안 오는 사람이 없었다고 합니다. 12년 만에 고향으로 금의환향하여, 낳은 아들이 저와 동생이었습니다. 쌍둥이 형제가 태어난 후 사업하신다고 하다가, 사기를 당해 많은 재산을 잃어우리는 청소년기를 너무나 가난하게 자랐습니다.

저에게는 아버님은 큰 산이었다고 생각합니다. 아버님은 겉으로는 엄하셨지만, 자식을 생각하는 그 마음 덕분에 모든 거센 바람을 막아주시는 태산 같은 역할을 하신 분이라고 생각합니다.

제가 어머님 배 속에 있을 때, 아버님은 '항상 의롭고 다른 사람에게 보탬이 되며 세상에서 최고의 이름을 날릴 수 있는 사람이 되게 해주소서.'라고 기도를 많이 하셨다고 합니다.

그런 기도와 바람과 달리, 아버님 마음속에는 저는 항상 아픈 존재였습니다. 술주정으로 모진 말씀을 자주

하셨지만, 저는 서운하지 않았습니다. 장애가 있는 아들에 대한 답답함이라고 이해했습니다. 그러나 아버님 친구들에게는 '똑똑하고 영리한 아이'라고 자랑하셨고, 몸만 저렇지 않았으면 분명 변호사가 되었을 것이라고 칭찬하시는, 속이 깊은 아버지였습니다.

어머님은 자나 깨나 자식 생각만 하셨는데, 특히 몸이 불편한 저에게는 불편함을 못 느낄 정도로 손발이 되어주시고, 공기와 물 같은 존재였습니다. 어머님은 항상 긍정적이고 활발했으며, 남에게 지기 싫어하고 '한 번 아닌 것은 끝까지 아니다'라고 하는 강단의 고집이 계신 분이었습니다. 어머니의 그런 성격을 제가 물려받은 것 같습니다. (웃음)

이쌍규 쌍둥이라고 언급했는데, 일란성인가요, 이란성인가요? 쌍둥이 동생은 현재 무엇을 하고 계시는지?

최창현 이란성 쌍둥이[15]입니다. 그림을 그리고 있고, 시간이

---

15 쌍둥이(영어: Twin)는 태아 시절 한배에서 동시에 같이 자란 두 명의 사람이다. 보통 연속적으로 태어나며, 이성 혹은 동성으로 태어난다. 쌍둥이는 일란성 쌍둥이(MZ:monozygotic) 혹은 이란성 쌍둥이(DZ:dizygotic)로 분류된다.

나는 대로 장애인활동지원사 일도 하고 있습니다. 저의 장애인 운동의 일도 측면에서 많이 도와주고 있습니다.

이쌍규 어릴 때, 중증장애 상태를 언제부터 인지하셨는지? 당시의 느낌은?

최창현 어머님 이야기로는 태어날 때부터 엉덩이를 찰싹 때려도 울지 않고, 얼굴만 더 새파래졌다고 합니다. 작은 소리에도 깜짝 깜짝 자주 놀래고, 잘 울어서 무거운 베개로 양팔을 눌러 놓아야 간신히 잠이 드는 아기였다고 합니다. 당시 부모님은 경기(驚氣) 많은 허약한 아이라고만 생각하셨다고 합니다. 그 당시에 의사들도 뇌성마비에 대해 잘 알지 못했던 시절이었습니다.

제가 정확하게는 기억을 할 수는 없지만, 다섯 살 때인가 아버지, 어머니, 할머니, 형님, 동생 그리고 집에 오시는 손님을 봐도 다 움직이고 있는데, '나는 왜 움직

옛 토박이말로는 '갈오기'라고 하였다. 쌍동(雙童) 또는 쌍생아(雙生兒)라고도 한다. 대부분 생일이 같으며 일란성일 경우 생김새가 비슷하다.

이지 못하지?', '나는 왜 걷지도 못하고 손도 쓰지 못하지?'라는 마음이 처음으로 들었습니다. 그러나 나이가 어려서 이것 때문에 힘들다는 생각을 전혀 하지 못했습니다. 아마도 어머님께서 다 해주시니까 그런 생각이 든 것 같습니다.

이쌍규 뇌성마비를 잘 모르는 시절인데, 부모님들은 어떻게 대처하셨나요?

최창현 가정이 어렵다 보니 큰형님이 돌도 지나지 않았을 무렵에 아버님께서 일본으로 가셨습니다. 그리고 12년 만에 돌아오셔서 우리 쌍둥이 형제를 낳았습니다. 태어나서도 몇 분 동안 울지도 않고 있다가, 겨우 깨어났고, 동생은 잠도 잘 자고 하는데 저는 잠도 잘 자지 못하고 계속 놀라고 했습니다.

자꾸 놀라고 울다 보니 시골이니까 병원보다는 경기에 침을 잘 따는 한의원에 다녔다고 합니다. 그러다 100일이 지났는데 동생은 스스로 뒤집고 엉금엉금 기어 다니고 하는데, 저는 그렇게 못하니깐 도시에 있는 큰 병원이라는 병원은 다 데리고 다녔다고 합니다. 마침내 뇌성마비라는 진단을 받았고, 어느 한 병원에서는 큰마음을 먹고 뇌수술 한 번 해보려면 권유했다고 합니다.

아버님께서는 의사의 이야기를 듣고 반대하셨다고 합니다. 혹시라도 뇌수술 때문에 지능에도 이상이 생기고 상태가 더 나빠질까 봐 수술을 안 했다고 합니다. 그래도 아버님 어머님은 좋다는 곳 나을 수 있다는 곳은 다 갔다고 합니다. 심지어 무속인한테도 가봤다고 합니다.

제가 6살 정도 되어서 제가 먼저 부모님께 이제 어디를 가도 안 되니까 가지 말자, 포기하자고 제가 그랬다고도 합니다. 그런데도 부모님 마음이 다 그런 건지, 어머님께서는 고무신을 사 오고 신겨서, 걸음도 못 걷는 저를 부축해서 걸음을 한 발, 두 발 걷게 하는 연습을 시켰습니다. 어머님의 노력 덕분인지 혼자 앉아 있을 수도 없었던 제가 어느 날 갑자기 앉혀놓았는데, 넘어지지 않고 혼자 앉아 있었다고 합니다.

이쌍규 생계를 위해 주로 장사하시는 어머님 대신에 할머니 손에 자랐다고 말씀하셨는데, 할머니는 어떤 분인가요?

최창현 할머니는 역시 자식만 생각하시는 분이었습니다. 아버지께서 일본에 12년이나 계시다가 성공해서 오셨지만, 우리나라에서 사업을 하시다가 나쁜 사기꾼을 만나 가난해졌습니다. 몸이 불편한 저를 돌보고 살림을 살피던 어머님이 노점상까지 하게 되었습니다. 그러다보니 시골에 계시는 할머니께서 오셔서 집안 살림과 손자들을 돌보셨습니다.

장손이었던 아버지를 걱정하던 할머니는 항상 "저거만 안 저래도 저거 아버지가 집에 들어와도 기분이 좋을 텐데.. 저래가 있으니까 저거 아버지가 집에 들어오고 싶겠나?"같은 말씀을 하셨습니다. 그래도 당시 그런 말을 들어도 저는 마음이 아무렇지 않았습니다.

이쌍규 어릴 때 중증장애 상태에 대해서 친구나 동네 어르신들의 놀림은 없었나요?

최창현 　동네 어른들이 보시면 '아이고 저래가 우야노?' 같은 말씀을 자주 들었습니다. 저는 나가지 못하니까, 옆방에 같이 새 들어 사는 집에 아이들과 놀다 보니, 지금 애들과 같이 끼리끼리 잘 놀다가 싸우는 것처럼 그 당시에도 그랬습니다. 뭐든 지기 싫어했는데 쌍둥이 동생과 싸우게 되면 이빨로 물고 놔주질 않았습니다. 그러면 동생은 울고불고했습니다.

초등학교 다닐 나이 때는 방안에서 애들하고 동그란 딱지, 구슬 따먹기를 하다 보니, 제가 더 따면 애들이 약이 올라서 제가 손을 못 쓰니까 딱지하고 구슬을 빼

앗아 도망을 가버리곤 했습니다. 도망가는 것은 좋은데, 꼭 저한테 말하는 단어가 병에다가 신을 붙여 그런 말을 하고 도망을 가버리니, 구슬과 딱지를 가지고 간 것보다 그렇게 말한 것이 더 화가 났습니다.

그 이튿날, 다시 구슬과 딱지치기를 하자고, 꼬드겨서 방안에 들어오게 했습니다. 그런데 딱지와 구슬치기는 온데간데없고, 누워있으면 발은 조금 썼으니까 문 닫아놓고 애들을 혼내곤 했습니다. 발로 때리고 하다 보니, 애들이 울고불고 난리가 났었습니다. 그리고 나면 기분은 통쾌했습니다. 당하고만 있을 수 없다는 '유치한 복수극'이었지만, 한편으로 나의 장애에 비관하지 않기 위한 나름의 생존방식이기도 했습니다. 지금 생각하면 저도 철이 없는 어린아이에 불과한 사람이었습니다. (웃음)

이쌍규 손발도 못썼지만 당하면, 반드시 나름의 복수를 하고 말았네요.

최창현 맞습니다. 동생이 초등학교 들어가고 집안 형편이 어려워져, 어머니가 장사하러 가시곤 했는데 그 장사하신 돈으로 저에게 라디오를 사주신 적이 있습니다. 그런데 그 소중한 라디오가 고장이 났어요. 제가 어떻게 삼성 서비스센터 전화번호를 알아내어 전화했는데요. 상담원이 저에게 '말도 못하는 병신이 장난치네!'라는 막말을 하면서 전화를 끊어버리는 거예요.

저는 너무나 화가 나서 삼성 본사에 편지를 썼습니다. 물론 사촌 동생한테 받아 적게 해서 말입니다. 그런 후 어느 날 밤 10시쯤, 우리 집에 시커먼 양복을 입은 사람들이 찾아와서 우리 아버지께 무릎을 꿇고 빌었습니다. 대구 삼성 서비스센터 소장과 직원들이었습니다. 상담원의 불친절을 용서해달라고 찾아온 것이었습니다. 아버지께서는 '내가 아니고 저 방에 있는 우리 애한테 말하라'라고 하면서 자리를 피했다고 합니다.

이쌍규 삼성 본사에 어떻게 편지를 썼기에 서비스센터에서 난리가 난 건가요?

최창현 별 내용은 없습니다. 장애가 있어도 엄연한 고객인데 어떻게 상담원이 고객에게 막말과 욕을 할 수 있느냐, 삼성 본사에서는 그런 식으로 장애인에게 욕하고 막말하라고 가르쳤느냐, 사과하지 않을 시에는 본사에 책임을 묻겠다, 등등으로 적었던 것 같습니다.

이쌍규 집 안에서 또 다른 에피소드는 없었나요?

최창현 방 안에 있던 저는 라디오와 TV를 통해서 세상 사정과 세상 이야기를 들을 수 있었는데요. 아버지가 장만해주신 금성 TV 사연이 있네요. 새 TV를 샀는데도 계속 말썽이 생겨서 서비스센터로부터 TV를 5번 교체하기도 했답니다.

이쌍규 주위 놀림에 대한 대응은 어떻게 하셨나요?

최창현 어른들이 '저래가 우야노?' 하시면 마음속으로 '왜 나한테 저런 얘기를 하시지? 내가 어디가 어때서?'라고 생각했습니다. 나의 현실을 인정하기보다는, 청개구리 같은 오기를 품었고, 누구보다 정의로운 사람이 되어 악당들과 싸우는 상상 속으로 더욱 빠져들었습니다.

벽을 넘어 희망으로

또래의 친구들이 놀리면, 집안으로 꼬드겨서 발로 혼내준 것이 다입니다. 당시 저도 착한 어린이였습니다.

(웃음)

수퍼맨의 꿈을 가진,
호기심 많은 어린 소년

강윤아   어린 최창현을 적절하게 표현하는 단어가 있다면?

최창현   상상력(imagination)과 히어로(hero)라고 생각합니다.

항상 방 안에 있다 보니, 당장 눈앞에 보이는 것은 네
모난 벽과 천장뿐이었지만, 슈퍼맨 같은 영웅이 되어
넓은 하늘을 날아다니면서 악당들과 싸우는 꿈을 항상
꾸었습니다. 그 생각 속에서는 항상 잘못된 것과 싸우
고, 정의의 사도가 되는 그런 생각에 빠져 있었습니다.

장애라는 피할 수 없는 현실 속에서 상상력은 감성과

오성(惡性)을 매개로 하여 사회를 인식시키는 비판 능력을 키워주었습니다. 시간이 흐르면서, 어떤 불의 사태에 처했을 때, 그것에 대하여 합리적이고 논리적으로 마음속으로 그려 보는 '생각의 힘'이 생겼다는 의미입니다.

꿈을 꾸지 않는 인생은 죽음입니다. 꿈을 꾸는 것은 장애나 재산이나, 나이에 영향을 받지 않습니다. 나에게 꿈을 꿀 수 있는 삶의 원동력은 상상력입니다. 저는 생각에 장애가 있는 사람이 아니라, 정의의 꿈을 가진 시민의 영웅이 되고 싶었습니다.

강윤아 상상력과 호기심은 어떤 방법으로 발동되었는지?

최창현 입으로 장난감과 퍼즐을 끼워서 맞추고, 입으로 개구리, 비행기, 배 종이접기도 했습니다. 당시 고장 난 벽시계는 최고의 장난감이었습니다. 고장 난 벽시계를 입에 드라이버를 물고 고치기도 했습니다. 열두 살 무렵에는 텔레비전도 해체해보았습니다. 당시 부모님이 적금을 부어 어렵게 마련한 텔레비전이라서 고장 나지 않고 무사히 원상 복귀시켰습니다. 부러진 장난감을 고쳐보겠다고 입으로 접착제를 바르다가 접착제가 목으로 넘어간 아찔한 순간도 있었습니다.

강윤아 어렸을 때, 장래희망이나 이루고 싶었던 꿈이 있었다면?

최창현 손발을 못 쓰지만, 제가 마음속으로 꿈이 여러 가지가 있었습니다. 선생님도 되어보고, 정의의 사도가 되어, 사회의 부조리와 맞서 싸우는 꿈을 꾸었습니다. 어려운 사람들에게는 보이지 않는 희망과 꿈을 주고 싶다는 그런 생각을 항상 꿈꿔왔습니다. 한 가지 꿈을 말하자면, 아름다운 가정을 꾸려보는 소박한 꿈도 있었습니다.

강윤아 여러 가지 꿈 중에 아름다운 가정을 꾸려보는 최 대표님의 꿈이 이루어지기를 간절히 응원하겠습니다. 그러면 최 대표님의 성격 형성에 있어서 가장 많은 영향을 준 것은 무엇일까요?

벽을 넘어 희망으로

최창현 저의 성격은 아버님께서 항상 입버릇처럼 말씀하신 것
이 영향이 컸다고 봅니다. 뭐라고 말씀하셨냐 하면, 우
리 형제들에게 "항상 남에게 도움을 주고, 나누어 주는
사람이 돼라"고 하셨습니다.

저는 뭘 하나 일을 정할 때는 저 혼자 몇 번이나 생각
하고 난 뒤에 행동으로 옮깁니다. 말과 행동이 같아야
한다는 생각입니다. 입 바깥으로 말이 나온 이상, 행동
으로 안 옮길 수가 없습니다. 누군가가 정신 세뇌 교육
을 가르친 것도 아닌데, 제가 그러다 보니 행동에 옮기
지 않을 것 같으면, 말을 잘하지 않는 성격입니다.

강윤아 타임머신을 타고 어린 시절의 최창현에게 딱 한마디만 할 수 있다면?

최창현 너는 장애가 있는 몸이라도, 다른 사람이 할 수 없는 것을 가지고 있으니, 계속 그 좋은 장점을 살리라고 말하고 싶습니다.

"장애는 장애물이 아니라, 새로운 것에 도전할 기회를 부여받은 사람이다. 장애는 도전이다. 포기하지 않고 끝까지 나아가라. 꿈은 꿈으로만 끝나지 않고, 언젠가 반드시 이뤄진다. 너의 '호기심'은 자신을 탐구하게 하였고, 도전하게 했다. 그리고 실의에 빠진 사람들에게 용기와 희망을 선물해라. 너의 도전을 본 누군가 다시 일어설 용기를 가질 수 있기를 소망해라"

한마디가 아니라, 여러 말이라서 죄송합니다. (웃음)

31살 청년,
세상 밖으로 처음 나오다

이쌍규 본인의 학력에 대해서 말씀해주신다면? 한글은 독학
으로 하신 것인지?

최창현 여덟 살에 쌍둥이 동생은 초등학교에 들어갔지만, 걷
지 못하는 상태와 어려운 가정환경으로 인해 저는 초
등학교에 진학하지 못했습니다. 그 당시에 먹을 양식
도 없어 생계를 위해 어머니는 시골로 장사를 다녀
야 했기 때문에 주로 할머니 손에 자랐습니다. 한글은
19살 때 당시 대구 옆방에 세 들어 살던 대학생 형님이
가르쳐주었습니다.

1, 2주 만에 집에 돌아오는 어머니는 그동안 씻지 못한 내 머리를 감겨주시고, 양치질도 해주었습니다. 장애가 있는 저에게 초등학교 진학은 그저 사치에 불과했습니다.

제가 31살 때 처음으로 바깥 사회생활을 시작하면서, 단체를 만들고 동료들을 위해 일을 하려다 보니, 체계적인 공부를 해야겠다는 생각이 들어서 공부를 시작했습니다. 방법으로는 독학과 야학으로 했습니다.

1996년 6월 중학교 입학 자격 검정고시에 합격했고, 1998년 4월 고등학교 입학 자격 검정고시도 합격했습니다. 1997년에는 장애우대학 1차 6기 과정을 수료했고, 1998년에는 대구혜인학교 일반인 야학을 졸업했습니다. 2002년에는 정립동료상담학교 기초과정과 심화과정을 이수했습니다.

앞으로 기회가 주어진다면 대학교와 대학원에 진학하여 체계적인 공부를 더 하고 싶습니다. 공부하는 데 나이와 장애가 중요하지 않다고 생각합니다.

이쌍규   본인이 가족들에게 짐이 된다고 느낀 계기[16]가 있다고 들었습니다.

최창현   15세 때부터 생각했습니다. '내가 이대로 있으면 나의 장애로 인해 형님이나 동생이 장가를 갈 수가 있을까?' 같은 생각을 했습니다. 그리고 나만 나이를 먹는 것이 아니라, 부모님도 연세가 많아지시면 힘도 약해지시는데 어떻게 나를 돌봐줄 수 있겠나? 라는 현실적인 고민을 하게 되었습니다.

이쌍규   처음 장애인 시설 입소를 위해 어떤 노력을 했나요?

최창현   그 당시 라디오 방송, 지금도 방송이 되고 있지만 '내

---

16   열아홉 살 되던 해 형과 결혼을 약속한 아가씨가 인사드리겠다고 우리 집에 온 적이 있다. 할머니는 나더러 작은 방에서 꼼짝 말고 있으라고 신신당부했다. 나도 형수 될 사람이 어떻게 생겼는지 궁금했지만, 할머니가 왜 그러시는 줄 잘 알기에 그냥 방에서 숨죽이며 없는 듯 있어야 했다. 그런데 결혼 날짜가 잡히고 청첩장까지 돌리고 난 어느 날, 우리 집 사는 형편이 못내 궁금했던 그 아가씨의 엄마가 불쑥 찾아왔고, 누워 있는 나를 보더니 얼마 후 파혼을 통보해왔다. 할머니만 나를 구박했을 뿐 당사자인 형님과 부모님 모두 그 일에 대해서는 아무런 말도 하지 않았는데, 나는 내 존재 자체가 가족에게 피해를 주고 있다는 죄책감으로 실의에 빠지고 말았다. 최창현 세상을 날다(2017.최창현 기네스 전시관)에서 인용함.

일은 푸른 하늘'이라는 프로그램에서 장애인시설이 소개되는 것을 듣고 그곳에 가려 했습니다. 저는 손으로 글을 못 쓰니, 사촌 동생들한테 부탁하여 내용을 적어 부모님 몰래 우편으로 보냈습니다. 부모님을 힘들게 설득해서 시설에 가서 면접을 봤는데, 퇴짜를 맞았습니다. 심한 뇌성마비에 중증장애라는 이유 때문입니다. 장애시설에서 장애가 심하다는 이유로 입소 거절을 받은 것이 너무나 가슴이 아팠습니다.

이쌍규 30세 때까지 집안에서만 계시다가, 바깥세상으로 나오게 된 계기는 무엇입니까?

최창현 제가 시설에 입소하려고 시도한 그 영향 때문입니다. 입소해있는 장애인들의 안타까운 모습을 보고 나도 똑같이 시설에서 사는 것이 아니라, 이들을 위해 더 나은 장애인 시설 제도를 만드는데 내가 앞장서고 뭔가를 먼저 시작해야겠다는 결심을 하게 되었습니다.

이쌍규 1995년 봄, 세상 밖으로 나온 31살의 첫 외출은 무엇인가요?

벽을 넘어 희망으로

최창현 '내일은 푸른 하늘'이라는 방송을 듣던 중, 대구 파동 장애인복지관에서 뇌성마비 보치아 강습회를 한다고 해서, 나도 한번 참가해봐야겠다는 생각이 들었습니다. 저 혼자 나가려고 하니까 도와줄 사람도 있어야 하고, 차도 있어야 하고, 저 혼자 전화로 여기저기 연락하다가 대구에 있는 '뇌성마비 모임 푸른 둥지회'를 알아내어서 도와달라고 연락을 취했습니다.

그래서 세상 바깥으로 저 혼자만의 첫 외출을 하게 되었습니다. 저의 성격이 이상한지는 모르겠지만, 집에 있을 적에도 저의 소변을 봐주는 분은 두 분이 있었습니다. 어머님 와 할머니입니다. 그 외에는 부끄러워서 부탁할 수가 없었습니다. 그러다 보니 저 혼자 나가서 모르는 사람에게 소변 부탁을 어떻게 해야 하나 그 걱정이 앞섰습니다.

생각을 해낸 것이 물을 먹지 말자는 것이었습니다. 보치아 강습회가 시작되기 일주일 전부터 물을 먹지 않았습니다. 목이 너무 말라 죽는 줄 알았습니다. 어머님께서는 '야가 와 이리 물을 안 먹노?' 걱정까지 하게 했습니다. 그래서 보치아 끝날 때까지는 소변도 안 보고, 집에 들어와서 소변을 봤습니다. 지금 생각하면 참 무식했다는 생각이 듭니다. (웃음)

이쌍규 1995년 김영삼 대통령에게 편지를 쓰셨습니다. 편지를 쓴 이유와 내용이 궁금합니다.

최창현 저 혼자 방 안에 있으면서, 앞으로 장애인을 위한 복지 방안에 관해 생각해왔던 걸 글로 옮겨 적어 보낸 것이었습니다. 편지의 주요 내용을 말씀드리겠습니다.

첫째, 장애인이 법적으로 보호받을 수 있게끔 법을 만들어야 합니다. 수용시설에서 폭행당하거나 사회에서 불이익을 당하지 않도록 하루속히 법을 선포해야 합니다.

둘째, 장애인 수용시설을 없애야 합니다.

셋째, 장애인 특례입학제도가 시행된 지 2년밖에 안 되었지만, 지방화 시대의 문도 열렸고 하니 그동안 장애가 심해서 배우지 못한 재가 장애인들을 위하여 그 지방에서 자원봉사자를 일주일에 한 번씩이라도 방문하게 하여 교육해야 합니다.

넷째, 장애가 아무리 심해도 그 장애에 맞게 살아갈 수 있게끔 직업적인 재활을 하게 해야 합니다. 장애가 중증이라도 손을 쓸 수 있는 사람에게는 그 손으로 살아갈 수 있게끔, 생각만 하는 사람에게는 그 생각만으로도 살아갈 수 있게끔 해야 합니다.

다섯째, 만 20세가 넘어 본인이 원한 경우 수용시설이 아니라 아파트를 지어서 1층에는 봉사자가 기거하고 나머지 층에는 장애인이 기거할 수 있게끔 해야 합니다. 손가락을 하나라도 쓸 수 있는 장애인에게는 그에 맞게끔 직업을 주어서 소득이 있게끔 하며, 세금과 유지비는 국가에서 30% 보조하고 나머지 20%는 본인이 소득에서 낼 수 있게끔 하며, 그래도 남는 것은 본인의 이익으로 해야 합니다.

여섯째, 우리나라의 장애인복지 수당은 매우 부족합니다. 유럽에서는 복권에서 나오는 돈을 전부 장애인의 복지로 돌린다는 데 우리나라는 우편요금에서 80%를 장애인복지로 돌린다면 어느 정도 도움이 되지 않겠습니까?

일곱째, 정부 직속으로 국민고충위원회를 만들었는데 장애인들이 고통받고 불이익을 당하는 행정을 고발할 수 있는 것을 대통령 직속으로 만들어야 합니다.

여덟째, 1977년에 미국의 백악관에서는 장애인들을 초청하여 무엇을 원하는지 얘기를 듣고 반영했습니다. 우리나라도 청와대에서 진정으로 고통받는 재가 장애인들 모임을 1년에 2번 가지면서 장애인이 무엇을 원하는지 귀 기울이고 복지를 이루어야 합니다.

아홉째, 장애인들을 교육하는 특수학교나 조기교육실 또는 복지관 등에서 교사 1인당 맡는 학생 수가 8명 이상이나 되는 등, 현재의 특수교육환경은 너무나 빈약합니다. 장애 학생의 교육권을 확보하기 위해서 교사 1인당 학생 수는 1~2명으로 줄여서 장애 아동의 욕구에 맞는 교육이 이루어져야 하며, 사립특수학교의 열악한 시설과 기자재를 위해서 정부의 지원책이 절실히 요구되는 것입니다.

열째. 장애인 보장구의 품질검사 제도를 폐지한 것을 다시 살려 검사제도를 시행해야 합니다.

열한 번째. 방송에서 다른 광고는 많이 나오는데 장애인의 보장구에 대해서는 광고가 나오지 않습니다. 앞으로 장애인 보장구의 광고가 나오고, 대기업에서도 장애인의 보장구를 연구하여 아무런 불편 없게 살아갈 수 있도록 대량으로 생산하여 보장구의 신모델도 연구하여 외국으로 수출도 해야 합니다.

열두째, 장애인계와 수용시설의 원장을 정부에서 선임하는 것보다 장애인들이 직접 투표로 선출할 수 있게끔 법을 제정해야 합니다.

열셋째, 장애인계의 모든 비리를 고발할 수 있는 본부를 만들어야 합니다.

제 자랑 같지만, 지금 생각해도 꽤 구체적인 장애인복지의 정책적 대안이었다고 생각합니다. 그 후 보건복지부로부터 제가 보낸 편지의 내용을 장애인 정책에 적극 반영하겠다는 약속의 편지를 받았습니다. 내 생애 정부에서 받아 본 첫 번째 편지였습니다.

장애인 운동의 첫 시작, 밝은내일회

이쌍규 1996년 장애인 인권 찾기회인 '밝은내일회'를 설립한
이유와 회원 구성에 관해 궁금합니다.

최창현 저하고 지금의 사무국장인 이경자 씨[17]하고 둘이 시작
했습니다. 장애인이라고 장애인 시설에 가지 않고, 지
역사회 안에서 비장애인과 같이 서로 도우면서 어울려
사는 세상이 밝은 세상이 아닌가 하는 생각으로 '밝은
내일회'를 만들어서 활동했습니다. 제가 뇌성마비라서

---

17 최 대표의 첫 외출인 '보치아 강습회'때 도움을 준 여대생이 바로 이경자
국장이다. 지금까지 25년 이상 한결 같이 최 대표를 도와준 장애인 운동의 파트
너이자, 동지이다.

그런 건지, 저의 주위에 모여드는 장애인분들이 전부 뇌성마비였습니다.

이쌍규 1997년 '밝은내일회'에서 장애인 무전여행을 실시한 이유는?

최창현 단체를 하다 보니, 장애 때문에 당사자들이 용기를 내지 못하고, '우리가 뭘 하겠어?'라는 생각부터 먼저 하는 걸 보고 이들에게 용기를 심어주는 일을 해야겠다고 생각했습니다. 그리고 비장애인분들에게도 계몽운동이 되지 않겠냐는 고민도 함께했습니다.

'장애인도 여행을 할 수 있다' 비장애인과 같이 똑같이 할 수 있다는 생각으로 자원봉사자를 구해서, 1:1로 붙여 목적지를 정한 다음, 대구에서 출발하여 다시 대구로 돌아오는 것을 목표로 잡았습니다. 무전으로 해야 한다는 원칙을 정하고 진행했습니다. 만약에 돈 들여 교통을 이용하면 반칙이라고 정했습니다.

1997년 첫해는 안동~대구, 그다음 해에는 '마이산을 찾아서', '달구벌에서 설악산 대청봉까지', ' 땅끝마을 해남을 찾아서', '제주도 무전여행' 등을 했습니다.

진짜 하늘이 도왔는지 아무런 사고 없이 성공하고 장애인 분들은 '용기만 있으면 장애가 있어도 해낼 수 있구나'라는 자신감을 가지게 되었습니다. 자원봉사자인 비장애인 분들도 장애인이라고 해서 아무것도 할 수 없는 것이 아니라, 다 같이하면 그 어떤 것도 함께 해낼 수 있다는 인식을 심어 주었습니다.

이쌍규 집에서 첫 독립선언을 한 이유는? 부모님의 반대가 없었나요?

최창현 제가 먼저 실천하는 모습을 장애인 당사자들한테도 보여주고, 비장애인분들에게도 보여줘야겠다는 생각으로 독립을 결심하게 되었습니다. 물론 부모님의 반대가 컸습니다. 특히 손발도 못 쓰고, 물 한 모금 혼자 못 마시면서 어떻게 나가 살겠느냐고 어머님의 반대가 대단히 컸습니다. 물론 아버지도 그랬고요. 부모님들 설득하느라 고생을 너무 많이 했습니다. (웃음)

이쌍규 첫 독립생활은 어디서 시작했나요? 생활비는 어떻게 감당했나요?

최창현 대명동 대구대 옆에 반지하 방에서 시작했습니다. 독립한다고 부모님께 설득할 적에 방만 하나 얻어주면 된다고, 생활비나 다른 건 필요 없다고 큰소리를 쳤기 때문에 어떤 일이 있어도 생활비에 대해서는 부모님께 이야기하지 않았습니다.

그러다 보니 당장 세금 낼 돈이 없었고, 먹을 돈이 없었습니다. 그래서 한 것이 보건복지부와 대구시장님에게 기초생활보장 수급자를 만들어 달라고 계속 편지를 썼지요. 그 당시 답변은 부모·형제가 있어서 수급자가 안 된다는 것이었습니다.

그래도 포기하지 않고 계속 노력했습니다. 계속해서 청원한 것이지요. 그 결과 대구시장님께서 한 달에 5만 원씩 후원해주는 후원자를 붙여주었습니다. 이게 다가 아닙니다. 지금의 사무국장이 그 당시에는 자원봉사자 대학생이라서 용돈도 저한테 쓰곤 했었습니다. 그리고 밤에 야학 공부하러 가면, 아줌마들이 집에서 먹을 것을 챙겨주셔서 한 끼 두 끼를 넘겼습니다. 겨울에는 보일러 기름이 없어서 이불을 뒤집어쓰고 떨면서 밤을 새우기도 했죠.

이쌍규 생활비를 벌기 위해서 어떤 경제적 활동을 했나요?

최창현 군밤 장사, 머리핀 장사, 1,000원짜리 머그잔, 액세서리, 붕어빵과 핫도그 장사를 했습니다. 동성로 시내에 나가서 장미를 팔고, 여름에는 아이스크림 장사를 했습니다. 이렇게 해서 모여드는 회원들도 먹이고 단체도 이끌고, 중증장애인도 두세 명정도 같이 데리고 살기도 했습니다. 이렇게 장사할 수 있었던 것은 이경자 사무국장이 헌신적으로 도와줬기 때문에 가능했습니다. 항상 고맙고 미안합니다.

끊임없는 도전, 집념의 화신

"유럽 횡단 중 만난 사람 중에서
가장 기억에 남는 사람은 수도 없이 많았지만,

그중에 꼽으라면
휠체어에 높이 달린 태극기가 휘날리는 모습을 발견하고 우시면서,
헐레벌떡 달려오는 우리 동포였습니다.

카센터에서 일을 하면서 저의 모습과 태극기를 보고 달려와서,
너무나 감동하여 우시는 그 모습을 잊을 수가 없습니다.

자동차 기름이 찌들어 있는 손을 보니,
가슴이 찡하고 저도 같이 눈물이 울컥 났습니다."

전동휠체어 운전 노하우

강윤아 1998년 본인이 '전동휠체어'를 처음 타게 된 계기는 무엇인가요?

최창현 회원이 타는 전동휠체어가 중고로 나왔을 적에, 어머니께서 도붓장사[18]를 하시면서 한 푼, 두 푼 모으신 돈으로 사주셨습니다. 이 휠체어는 어머니의 사랑이 가슴속 깊이 남아있는 희망과 도전의 전동휠체어입니다. 어머니의 사랑 그 자체입니다.

---

18 이리저리 돌아다니며 물건을 파는 행상 일을 말한다.

강윤아 손과 발을 사용하지 못하는데, '전동휠체어'를 어떻게 운전하셨나요? 운전의 노하우가 있을까요?

최창현 처음에는 '손도 못 쓰는데 전동휠체어를 조종할 수 있을까?'라고 생각했습니다. 지금의 사무국장인 이경자 씨가 그냥 한번 휠체어에 앉아보라고 해서 앉아보았습니다. 휠체어를 타보니 '어? 나도 탈 수 있겠는데? 그런데 조종을 어떻게 하지?' 이렇게 생각하다가 진공청소기 대롱을 조종기 손잡이에 꽂아서 해보면 좋을 거 같아 실천으로 옮겼습니다.

청소기 대롱을 꽂아보니까 조종기에 꽂힌 채 빠지지 않아서, 그대로 얼굴로 대롱을 밀어보았습니다. 그런데 신기하게 전동휠체어가 움직였습니다. 그래서 겁 없이 당장 현관문 밖에 휠체어를 가지고 나가서, 얼굴로 밀어 저 혼자 처음으로 성당시장에서 두류공원까지 갔다 왔죠. 거리는 1km가 넘었습니다. 첫 조종인데 두류공원까지 갔다 와 보니 도중에는 힘든 것도 없었고, 사고도 없어서 자신감이 붙어 이튿날 혼자 시내도 갔다 왔습니다.

강윤아 1999년 전동휠체어로 처음으로 '국토종단계획'을 수립한 이유는 무엇인가요? 종단 코스도 알 수 있을까요?

1,500Km 국토 종단 경로

대구→ 울산→ 부산→ 광주→ 전주→ 대전→ 서울→ 임진각→ 서울→ 이천→ 충주→ 문경→ 대구

최창현 얼굴로 막대기를 밀어 전동휠체어를 조종하다 보니, 내가 과연 이 전동휠체어를 타고 어디까지 갈 수 있을까? 라는 도전 정신과, 나 자신을 한번 시험해봐야겠다는 생각이 들었습니다.

그렇게 곰곰이 생각해보다가, 전 세계의 축제인 월드컵이 우리나라에서 개최되는 것을 알게 되었습니다. 그래서 월드컵이 성공적으로 이루어지는 염원의 슬로건을 걸고 국토종단을 시작해보기로 했습니다.

그 당시에는 돈이 없었기에, 대구시와 이재용 남구청장님이 도와주고, 잘 아는 지인분한테 제 도전을 말해

서 그 당시 돈으로 100만 원의 후원을 모아 실행에 옮길 수 있었습니다.

그 돈으로 자전거 한 대를 사서 전동휠체어 뒤에 소위 '추레라'[19]라는 부수차 작은 것을 하나 개조해서 달고, 휠체어 배터리를 한 세트를 싣고 대구 월드컵 경기장에서 출발하였습니다. 대구에서 출발하여 서울, 임진각까지 종단해서 다시 대구로 돌아오는 것을 목표로 잡았습니다. 종단거리는 1,500km, 날짜는 45일이 걸렸습니다. 종단 시 잠자리는 해당 지역 응원자들이 무료로 제공해주셨고, 주머니 쌈짓돈 1,000원, 2,000원 후원해주신 성금으로 먹을 것을 해결했습니다.

강윤아 '국토종단계획'으로 국토를 1,500km 일주한 것 중에 가장 힘들었든 코스는 무엇인가요?

---

19 트럭이나 트랙터 트럭의 후면부에 견인되는 부수차. 대한민국에서는 '추레라'라고 많이 부르는데 일본에서 트레일러를 지칭하는 토레라(トレ_ラ_)가 변형된 단어이다.

최창현 대구에서 경주구간입니다. 얼굴로 대롱을 밀어 경주까지 가니 사지가 뒤틀리고, 너무 아프고, 몸의 모든 기력은 다 빠졌습니다. 이래서 도저히 못 하겠다는 생각까지 처음으로 하였습니다. 아무리 생각해도 자신이 없었습니다. 태어나서 처음으로 한 고생이었는데, 자신감도 잃어버렸고, 몸도 녹초가 되어 경주에서 잠을 이룰 수 없었습니다. 도저히 내일은 조종을 못 하겠고, 그렇다고 포기하고 돌아가자니 너무 억울하다는 생각도 들었습니다.

그래서 '이래선 안 되겠다. 방법을 다시 한번 찾아보자'라는 생각이 들어 새벽까지 고민했습니다. 날이 새

4부 끊임없는 도전, 집념의 화신

니 머릿속에 뭔가 하나가 스쳐 지나갔습니다. 이경자 국장한테 제일 먼저 부탁했습니다.

우리가 가져온 파리채의 막대기를 떼어내고 휠체어의 대롱 위에 구멍을 낸 다음, 그 파리채 막대기를 구멍에 꽂아 ㄱ자로 만들었습니다. 그리고 얼굴로 대롱을 미는 것이 아닌, ㄱ자로 생긴 파리채 막대기를 입에 물고 좌우로 해보고, 앞뒤로도 움직여 봤습니다. 직접 해보니 허리도 안 아프고 조종이 할 만했습니다.

포기하고 싶다는 마음은 온데간데없고, 부산을 향해 다시 출발했습니다. 궁(窮)하면 통(通)합니다. 포기하지 않으면 신(神)은 모든 해결책을 준다고 생각했습니다.

강윤아 '국토종단계획'으로 국토를 1,500km 일주한 것 중에 가장 좋았든 코스는 어디인가요?

최창현 서울을 지나서 경기도 임진각 사이에 은행잎이 휘날리던 길이 있었습니다. 노란 은행잎이 카펫처럼 길 위에 깔려있는데, 마치 황금빛 길을 가는 느낌이었습니다.

벽을 넘어 희망으로

제일 인상 깊었던 것은 나락[20]을 말리고 있는 시골길을 지나가고 있는데, 논에서 일하시는 어떤 농부분이 저한테로 뛰어와서 주머니에 꼬깃꼬깃한 천 원짜리 몇 장을 저한테 주시며 격려해 주셨습니다. 농사일로 인해 손마디가 굵어지시고, 그 손에 꼬깃꼬깃한 천 원짜리를 주시는 것을 보고 가슴이 뭉클해졌습니다. 돈 많은 부자가 몇천만 원 주는 것 보다, 농부 아저씨의 그 천 원짜리가 더 귀하고 소중했습니다. 힘들었던 건 온데간데없고, 다시 도전의 힘이 생기는 것을 느꼈습니다.

강윤아 45일의 1,500km '국토종단' 일주에 성공하고 난 후 느낀 점은 어떠셨나요?

최창현 나도 역시 할 수 있구나. 주위 사람들이 보기로는 중증

---

20 나락은 도정(搗精)하지 않은 볍씨 상태의 겉곡이다. 도정을 하지 않은 볍씨 상태의 나락이나 도정을 한 알곡인 쌀은 가정신앙의 주요한 신체(神體)로 봉안되는 사례들이 많다. 나락이 가정 신의 다양한 신체로 섬겨지는 것은 대표적인 곡령(穀靈) 신앙의 하나라고 할 수 있다. 나락이 가정신앙의 신체로 봉안된 예는 주로 경기 이남의 도작문화권(稻作文化圈) 지역에서 널리 확인된다. 전라도 지방 철륭오가리, 경상도 지방 꺼칠용단지, 경기도·충청도·강원도 지방의 터줏단지 등을 예로 들 수 있다. [네이버 지식백과] 나락 (한국민속신앙사전: 가정신앙 편, 2011. 12. 15.)

장애라고 하지만, 무엇이든 해낼 수 있다는 자신감이
마음속에 용암처럼 끓었습니다. 그리고 우리나라 월드
컵이 꼭 성공하겠다라는 그런 확신도 들었습니다.

사람은 누구나 다시 태어날 수 있습니다. 엄마 배 속에
서 태어나는 것뿐만 아니라, 인생을 살면서 새롭게 마
음가짐을 먹고 진정한 삶을 시작하는 것이 다시 태어
나는 것입니다. 새롭게 태어나는 삶을 온몸으로 진정
하게 느꼈습니다.

1999년 국토종단 일기

10월 5일 아침 7시 30분에 기상.

아침 9시에 영천 모범운전자와 출발 약속이 되어있어 준비하느라고 아침도 못 먹어서 이경자 선생에게 미안했다. 출발하였으나 목과 허리, 등, 온몸에 진통이 왔다. 이렇게 해서 오늘은 건천까지도 가지 못하게 되는 건지 아닌지 생각이 들었다. 눈앞이 어지럽고 눈이 자꾸 감기려고 했다. 지나가시는 분들이 박수도 쳐주시고 격려해 주시는 소리를 들었다. 애써 감기는 눈을 더 크게 뜨려고 하였다. 하늘을 쳐다보니 구름이 껴 있고, 들판에는 누른 황금 같은 곡식이 지난 비에 쓰러져 누워있었다. 이제까지 고생하시는 농부님들의 마음을 읽을 수 있었다.

영천 모범운전자는 바쁘시면서도 경주까지 에스코트해 주셨는데, 눈이 감기는 것이 미안하기만 하였다. 만불산을 지나다가 산 위에 큰 부처님이 서 계시는 걸 보았다. 먼 데서 보았지만, 부처님이 나를 보고 미소를 지어 주시는 걸 보았다. 그 모습을 보고 나는 어떤 어려움이 닥쳐도 해낼 수 있다는 것을 한 번 더 느꼈다.

4부 끊임없는 도전, 집념의 화신

경주에 도착하니 경주 모범운전자회에서 나를 반갑게 맞이해 주었다. 사무실의 소파에 앉으니, 허리가 부러지는 듯한 고통을 느꼈다. 얼마 후 충전기 때문에 연락한 동생이 대구에서 직접 찾아왔다. 거기서 바로 울산으로 출발하였다. 내 동생이 바로 내려가지 않고 경주 모범운전자회와 함께 에스코트해 주었다. 이때 나도 모르게 가슴에서 뭔가 저릿한 걸 느꼈다.

6시가 조금 넘자, 해가 지고 많이 어두워졌다. 7시가 되었음에도 불국사까지 밖에 오지 못했다. 오늘은 여기 불국사에서 쉬기로 했다. 동생이 숙소도 잡아주고 저녁 식사도 시켜준 후 대구로 내려갔다.

5,500km 북아메리카 대륙횡단의 지독한 도전

이쌍규 2000년 '북아메리카 대륙횡단' 계획을 수립한 이유는 무엇인가요? 횡단 코스는 어떻게 되는지?

5,500Km 미국횡단 경로

로스앤젤레스→ 플래그 스태프→ 산타페→ 스프링필드→
세인트루이스→ 신시내티→ 워싱턴 D.C→ 필라델피아→ 뉴욕

최창현 당시 IMF 영향[21]으로 많이 사람들이 도산하여 실의에

---

21 국제 통화 기금(International Monetary Fund): 환율과 국제 수지를 감시함으로써 국제 금융 체계를 감독하는 것을 위임받은 국제기구이다. 대한민국에서는 1997년의 IMF 구제금융 요청 사태를 IMF라고 줄여 부르기도 한다.

빠지고, 가족과 함께 목숨을 버리는 등 좋지 않은 일들이 많이 생겨 안타까웠습니다. 저 사람들을 위해서 정신적으로나, 마음으로 도와줄 일이 없을까 하는 그런 생각을 계속하다 보니, '나는 손발은 못 써도, 입으로 할 수 있는 능력이 있다. 이 능력을 보여주자.' 그렇게 생각한 것이 미대륙 횡단이었습니다.

미국은 모든 사람이 꿈꿔오는 희망을 주는 나라라고 생각하기 때문에 미국 횡단을 성공하여 실의에 빠진 한국 사람들뿐만 아니라, 세계인들에게 용기와 희망을 심어주고자 했습니다. 슬로건은 I can do it (나는 할 수 있다)으로 하였습니다. 횡단코스는 로스앤젤레스에서 뉴욕까지였습니다.

이쌍규 '북아메리카 대륙횡단'을 할 때 가장 힘들었든 점은 무엇이었나요?

최창현 갓길을 가고 있는데 지나가는 작은 코카콜라 차가 제가 타고 가고 있는 휠체어를 툭 쳐서 몸을 심하게 다쳤습니다. 장장 7개월 동안 아무 연고도 없는 미국에서 누워있으면서 비명을 지를 만큼 너무 아팠습니다. 병원에 가도 앞으로 휠체어 생활은 불가능하다는 진단이 나왔을 적에, 심적으로 너무 힘들었습니다. 특히 경비가 없어서 이경자 사무국장이 미국 한인 마트에서 아르바이트하면서, 아픈 저를 돌봤던 7개월 동안의 그때가 제일 힘들었습니다.

이쌍규 5,500km '북아메리카 대륙횡단' 중 가장 힘들었든 코스는 어디였나요?

최창현 초겨울에 뉴멕시코주를 달렸을 때입니다. 눈이 펑펑 쏟아질 때도 달렸습니다. 심지어 현지인들이 멀리서 저의 모습을 보고, 눈덩이가 굴러간다고 착각할 정도였습니다. 멀리서 오는 태풍을 만났을 적에도 휠체어 네 바퀴가 바닥에서 붕붕 뜬 적도 있습니다. 변덕스러운 겨울날의 눈과 비, 바람과 추위를 맞이해야 하는 것이 육체적으로 힘들었습니다.

이쌍규 112일의 5,500km '북아메리카 대륙횡단'을 성공하고 난 후 어떤 느낌이셨나요?

최창현 사람들은 열이면 열, 백이면 백 다 불가능하다고 했습니다. 심지어 미국에 도착했을 적에 현지인들도 불가능하니까 한국으로 돌아가라고 했습니다. 그런 불가능을 이겨내고 많은 분께 희망을 주었다는 격려가 쏟아질 때, 제일 감회가 깊었습니다. 한국인이라는 긍지를 알린 것 같아서 애국자가 된 듯한 기분이었습니다.

저는 항상 제가 가진 장애는 장애가 아니라고 생각합니다. 누구도 할 수 없는 특별한 능력을 받았다는 생각으로 살고 있습니다. 힘드신 분들도 힘든 일이 닥치면, 이것은 불행이 아니라 내가 몰랐던 또 다른 행복을 찾

는 것으로 생각하시면 좋겠습니다. 저 같은 중증장애
인도 도전합니다. 어떤 일이든 절대 포기하지 마시기
를 바랍니다.

4부 끊임없는 도전, 집념의 화신

2000년 미국횡단일지 미국시각 9월 20일(수)

105도 이동거리 43mile,

지나온 도시 Needles - Oatman - ingman 근처

트럭 가스 스테이션에서 총총히 박힌 별빛 하늘 아래 누워서 오늘 하루를 가만히 생각해보니 아주 위험한 하루였던 것 같다. 미스터 잭 씨와 기념촬영도 하고 선물도 받으며 길을 떠났다. 그런데 출발했는지 15분도 지나지 않아서 2차선 갓길로 가고 있는데 지나가는 차가 순식간에 나의 전동휠체어를 치고 갔다. 나는 휠체어를 탄 채로 도로 옆의 흙길로 5m만큼이나 튕겨 나갔다. 행운의 여신이 나를 도우셨는지 나는 왼손만 가볍게 상처를 입고 전동휠체어만 부서졌다. 앞에 먼저 가 있던 본부장님도 오시고 경찰과 미스터 잭 씨도 왔다.

지나가다가 부딪힌 차는 고의가 아닌 실수였기에, 나는 전동휠체어만 수리해 달라고 말했다. 가해자 청년은 코카콜라 직원이었고 나에게 미안하다고 말하면서 전동휠체어가 움직일 수 있도록 수리해 주었다.

사고 난 직후고 몸도 많이 놀라서 점심 먹고 쉬다가 1시 30분에 출발했다. 3,550피트 높이의 산을 하나 넘다가 보니 산속의 마

벽을 넘어 희망으로

을이 하나 있었는데 오트맨(Oatman)이라는 마을이었다. 그 마을은 수십 년 전에 미국영화의 한 장면처럼 소와 말이 길거리에 돌아다녔으며, 집과 가게가 마치 한 폭의 그림 같았다.

마을에 사는 사람들도 아주 순박하게 보였다. 나는 이 마을의 아름다움과 자연스러움에 도취가 되어 잠시나마 오전에 있었던 교통사고의 고통을 잊을 수가 있었다. 하지만 점점 허리통증이 심해지고, 나는 내일 횡단을 하지 못하는 것은 아닐까 하는 걱정이 들었다.

3436km 일본열도 종단의
담대한 성과

이쌍규 2003년 '일본열도 종단' 계획을 수립한 이유는 무엇인

가요?

3,400Km 일본종단 경로

가고시마현→ 후쿠오카현→ 야마구치현→ 히로시마현→ 오카야

마현→ 오사카→ 교토현→ 시가현→ 나고야→ 시즈오카현→ 가

나가와현→ 도쿄현→ 우츠노미야→ 후쿠시마→ 모리오카→ 아

오모리→ 홋카이도현→ 왓카나이

최창현   당시 세계 젊은이들의 축제 유니버시아드 대회[22]가 대
　　　　구지역에서 개최되었습니다. 그래서 대회 성공의 염원
　　　　을 담아 일본 4개의 섬을 종단하려고 마음먹었습니다.
　　　　코스는 가고시마현에서 출발하여 후쿠시마, 오사카,
　　　　나고야, 도쿄, 센다이시, 아오모리시, 왓카나이시 등 이
　　　　렇게 4개의 섬을 다 종단하였습니다.

22　유니버시아드(Universiade)는 대학(University)과 올림피아드(Olympiade)
의 합성어로서 '국제대학스포츠연맹(FISU, International University Sports
Federation)'이 주관하여 2년마다(홀수년도) 열리는 세계 학생스포츠대회이다.
대학스포츠의 발전, 학생의 체육 및 후생, 모든 나라 학생의 좀 더 밀접한 접촉 및
국제적인 대학스포츠 통일을 위한 협력 등을 목적으로 한다.

이쌍규 '일본열도 종단'을 할 때 가장 힘들었던 점이 무엇인가요?

최창현 아시다시피 일본은 비가 많이 오는 섬나라이기 때문에 비바람 속을 뚫고 휠체어로 달릴 때가 가장 힘들었습니다. 특히 비가 거세게 쏟아질 때, 눈앞이 안 보이는 것과 휠체어 옆으로 큰 트럭이 지나가자 전동휠체어가 트럭으로 빨려들어 갈 뻔했을 때가 가장 아찔했습니다. 다음으로 인간의 생리적인 욕구인 '졸음'이 와서 힘들었습니다. 자면 바로 사고가 나기 때문에, 잠을 이겨내는 것이 힘들었습니다.

이쌍규 '3,436km 일본열도 종단' 중 가장 힘들었든 코스는 어디였나요?

최창현 왓카나이시 구간입니다. 비바람이 너무 많이 불어 눈을 뜰 수 없었고, 휠체어의 태극기 깃발 대는 U자처럼 거꾸로 휘어버리기도 했습니다. 그렇게 비바람이랑 싸울 때가 제일 힘들었습니다.

벽을 넘어 희망으로

이쌍규 68일의 3,436km '일본열도 종단'을 성공하고 난 후 어떤 느낌이셨나요?

최창현 지금까지 횡단·종단한 곳 중에서 일본종단이 제일 뜻이 깊었고, 보람이 있었습니다. 우리나라와 일본은 아픈 과거가 있지 않습니까? 일제 강점기에 우리나라를 점령했고, 우리 강토에 일장기가 휘날렸었는데, 이제는 내가 가서 우리나라 태극기를 평화적으로 일본 4개의 섬에 휘날렸다는 것 그 자체가 제일 큰 보람 있었습니다.

비바람이 아무리 거세게 불어도 휠체어 제일 위에 꽂힌 태극기를 한 번도 내리지 않았습니다. 또한, 일본이 생기고 난 후, 장애인이 휠체어로 4개의 섬을 종단한 일은 제가 처음이라고 합니다. 얼마나 민족적 자부심이 들었는지, 그 마음은 아무도 모를 것입니다. 어떻게 말로 표현할 수 없었습니다. 벅찬 가슴 그 자체였습니다.

제가 휠체어에 태극기를 높이 달고 휘날리며 달리는 모습을 본 일본 노부부께서 집 안에 있다가, 제가 지나가는 모습을 보고 비가 오는데도 두 분이 뛰쳐나와 두 손을 모아 허리를 90도 숙이면서 저에게 격려해 주는 그 모습은 지금도 잊을 수가 없습니다. 도전의 격려에는 반한감정(反韓感情)이 없습니다. 그 역도 성립합니다. 일본 장애인의 도전에도 반일감정(反日感情)은 없어야 합니다. 도전은 희망을 잉태하는 전 세계적 긍정의 언어입니다.

4부 끊임없는 도전, 집념의 화신

28,000km 유럽, 중동 횡단,
기네스 세계기록의 대기적

강윤아 2006년 '유럽, 중동 횡단' 계획을 수립한 이유는 무엇

인가요?

28,000Km 35개국 유럽, 중동 횡단 경로

그리스→ 불가리아→ 루마니아→ 헝가리→ 오스트리아→ 슬로

바키아→ 폴란드→ 리투아니아→ 라트비아→ 에스토니아→ 핀

란드→ 노르웨이→ 스웨덴→ 덴마크→ 네덜란드→ 벨기에→ 영

국→ 아일랜드→ 룩셈부르크→ 프랑스→ 스페인→ 포르투갈→

모로코→ 안도라→ 모나코→ 스위스→ 리히텐슈타인→ 이탈리

아→ 산마리노→ 체코→ 독일→ 터키→ 시리아→ 요르단→ 이스

라엘

벽을 넘어 희망으로

최창현 　출발점은 문명이 처음으로 시작된 그리스였고, 최종
목적지는 대한민국이었습니다. 횡단의 목적은 '통일
염원'이었습니다. 하나에서 둘로 나누어진 분단국가가
바로 우리나라이기에 때문에 통일을 염원했습니다. 저
또한 분단국가의 국민이고, 당사자이기 때문입니다.
마치 장애가 있는 저의 몸처럼, 우리나라는 허리가 끊
겨 나누어져 휠체어를 탄 장애 상태와 같다고 생각했
습니다.

이런 몸을 지닌 제가, 남한에서 38선을 넘어 북한까지 종단한다면 통일의 진정한 뜻을 남북한 우리 민족에게 전할 수 있다고 생각했습니다. 먼저 전 세계인들에게 '한반도의 평화 통일의지'를 보여주고 싶었습니다. 문명이 시작된 이래, 크고 작은 갈등과 더불어 1, 2차 세계대전과 같은 거대한 전쟁도 일어났습니다. 우리나라가 둘로 나누어진 아픔 역시 그러한 갈등과 전쟁의 역사였습니다. 그렇기에 1차 목표는 문명이 시작된 그리스에서 출발하여, 독일 베를린 장벽까지 횡단하는 것이었습니다.

독일처럼 우리 남북한의 부모 · 형제도 피 흘리지 않고 하나가 되기를 염원했습니다. 2차 목표는 독일에서 터키, 시리아, 요르단, 이집트, 중동, 인도, 중국을 거쳐 북한 백두산에서 38선을 넘어 우리나라 한라산까지 횡단하는 것이었습니다. 그 과정에서 아시아의 옛 실크로드를 따라 유럽과 아프리카 모로코로 이어지는 그 길에 휠체어로 도전한 흔적을 남기고 싶었습니다. 그러나 당시 도중에 피치 못할 아픈 사건도 있었고, 이명박 정권으로 바뀌면서, 이스라엘에서 '통일염원 횡단'에 대한 원대한 꿈을 접을 수밖에 없었습니다.

벽을 넘어 희망으로

강윤아 경비가 만만치 않았는데, 어떻게 경비를 조달했나요?

최창현 횡단과 종단을 할 때마다 항상 경비가 모자라 고생했습니다. 그러나 그동안 해왔던 것처럼 '잘 헤쳐 나갈 수 있다'라는 자신감 하나만 믿고, 일을 추진했습니다. 우리나라 기업이라면 요청 안 한 곳이 없고, 답이 없으면 찾아가서 부딪히면서 협조를 요청했습니다.

그 당시 노무현 대통령님이 계셨기에 외교부에서는 각 대사관에 현지 안전을 위해 에스코트를 연결해주셨고 한인회와 한국대사관에 연결해주셨습니다. 대한항공, 아시아나 항공에 제가 직접 찾아가서 왕복 항공권을 직접 후원받기도 했습니다. 현대, LG, 삼성, 롯데 등 대기업을 다 찾아가 봤지만, 후원을 거절당했는데, 운 좋게 모 은행에서 유럽횡단, 종단 계획을 설명해 드렸더니, 당시 돈으로 1,000만 원을 후원해주셨습니다.

또 휠체어 업체 '휠로피아' 김윤제 사장님이 휠체어와 부품 등을 후원해주었고, 대구에서는 후원의 밤을 열어 1,000만 원을 모아서 출발하게 되었습니다. 지금 생각해도 이 돈으로 어떻게 도전했을까 하는 생각이 듭니다. 현지에 도착하니 숙박비, 차 렌트, 자동차 기름값, 이것만 해도 턱없이 부족한 예산이었습니다. 그래도 무작정 출발하였습니다. 지나가는 현지인분들이 후원도 해주시고, 잠도 무료로 재워주시고 먹을 것도 주셨습니다. 또한 우리 한인회와 대사관에서도 크게 도와주셔서 유럽, 중동 횡단을 성공리에 마칠 수 있었습니다. 다시 한번 도움을 주신 현지인들과 우리 동포분들께 고마움을 전합니다.

벽을 넘어 희망으로

강윤아 수행 인력(자원봉사자)과 수행 차량은 어떻게 구하셨나요?

최창현 무료 자원봉사자 한 명이 참가했습니다. 수행 차량은 스타렉스 봉고차를 현지에서 대여했습니다. 횡단 도중에 렌트비가 없어서, 한국에 있는 이경자 사무국장에게 연락하여 현대 정몽구 회장을 만나 차라도 후원받을 수 있게끔 부탁해보라고 했습니다. 결국, 현대 회장님을 만나 횡단 중간에 차량을 무료로 후원받기도 했습니다.

강윤아 잠자리와 먹을거리는 어떻게 해결하셨나요?

최창현 잠자리는 현지인분들께 문을 두드려서 하룻밤을 재워달라고 부탁하였습니다. 또 현지인과 경찰분들이 숙소를 무료로 마련해주시고, 현지 한인회에서도 잠자리와 먹을거리를 정성껏 준비해주셨습니다. 때로는 봉고차 안에서도 자고, 차 안에서 라면도 끓여 먹고 밥과 함께 끼니를 해결하기도 했습니다.

또 어떤 현지인분들이 3달러의 돈을 후원해주셔서 햄버거도 사서 나누어 먹었습니다. 이틀 정도 굶는 날도 있었습니다. 저는 횡단의 목적이 뚜렷해서 참을 수 있었지만, 저를 돕는 자원봉사자분은 정말 고생하셨습니다. 돈이 없으면 같이 굶었습니다. 저의 수발을 들고, 횡단 준비하고 가는 나라마다 연락도 다 취해 주었습니다.

강윤아　횡단 중 각각의 국가마다 기후 차이가 나는데 어떻게 대처하셨나요?

벽을 넘어 희망으로

최창현   더위와 추위에 항상 싸웠습니다. 하루 종일 비바람 속을 달리다가, 햇빛이 비치는 집안에서 가족끼리 따뜻하게 지내는 것을 보고 그냥 들어 가보고 싶다는 충동까지 들었습니다.

강윤아   일반인도 감당하기 힘든 횡단인데, 어떻게 체력관리를 하셨나요?

최창현   별다른 체력관리는 없었습니다. 다 부모님이 물려주신 건강 덕분이었습니다. 정신이 건강하면, 육체적 한계도 더 쉽게 극복할 수 있습니다.

강윤아   횡단 중 생사를 넘나든 사고가 발생하셨다는데, 무슨 일이 일어난 건가요?

최창현   비가 쏟아지는데도 졸음이 왜 그렇게 오는지, 졸다가 전동휠체어가 갓길 인도 턱에 걸려 심하게 넘어졌습니다. 저를 뒤따라오던 수행 차량이 제때 설 수가 없어서 지나가는데, 바퀴가 깃발 대를 지나 바로 머리 위쪽을 스쳐 지나가는 등, 매우 아찔한 순간이었습니다. 그런 일들이 수없이 많았습니다.

스페인 피레네산맥을 넘다가, 휠체어 앞바퀴가 심하게 떨려 물고 있던 조종막대기를 놓쳐 휠체어가 낭떠러지로 돌진했습니다. 그 낭떠러지 밑에 큰 나무가 하나 있어, 그 나무에 휠체어가 걸려서 지금 살아있는 것입니다. 그 나무가 없었다면, 수백 미터 아래로 떨어져 찾을 수도 없었을 것입니다.

강윤아 아시아 횡단 중 자원봉사자가 불의의 교통사고로 세상

을 떠났을 때 당시의 심정은 어떠셨는지요?

최창현 유럽횡단을 마치고 새로 온 자원봉사자와 함께 아시아 횡단을 진행한 지 10일쯤 될 무렵이었습니다. 터키 카파도키아에서 자원봉사자가 숙소에 두고 온 다이어리를 가지러 혼자 차를 타고 갔는데, 돌아오는 길에 교통사고를 당하여 세상을 떠나고 말았습니다. 태어나서 후회를 한 적이 없었는데, 처음으로 횡단을 왜 해야 했는지 후회가 들었습니다. 가슴이 미어져 사흘 동안 정신적 공황상태를 겪기도 했습니다. 젊은 자원봉사자 대신 제가 하늘나라에 가야 했는데…라는 자책감에 빠지기도 했습니다. 너무 마음이 아팠습니다. 정말 미안했습니다. 다시 한번 고인의 명복을 빕니다.

강윤아 유럽, 중동 횡단을 할 때 가장 도움을 많이 준 사람들은 누구인가요?

최창현 우리 한인회, 대사관, 현지 동포분들과 각 지역의 현지 경찰분들이 많은 도움을 주었습니다.

강윤아 횡단 중 만난 사람 중에서 가장 기억에 남는 사람은 누구인가요?

최창현 유럽횡단 중 만난 사람 중에서 가장 기억에 남는 사람은 수도 없이 많았지만, 그중에 꼽으라면 휠체어에 높이 달린 태극기가 휘날리는 모습을 발견하고 우시면서, 헐레벌떡 달려오는 우리 동포였습니다. 카센터에서 일을 하면서 저의 모습과 태극기를 보고 달려와서, 너무나 감동하여 우시는 그 모습을 잊을 수가 없습니다. 자동차 기름이 찌들어 있는 손을 보니, 가슴이 찡하고 저도 같이 눈물이 울컥 났습니다.

또 비 오는 날에 독일 마을을 지나가는데, 집안에서 창문으로 제가 달리는 모습을 보고 신발도 신지 않은 채 맨발로 뛰어나오셔서, 저를 격려해 주시는 분도 잊을 수가 없습니다. 여성분이었고, 한인회 회장님이었습니다. 태극기를 보고, 비가 쏟아지는데 맨발로 뛰쳐나오는 그 마음을 한번 생각해보십시오. 말로 표현할 수가 없는 진한 감동이었습니다.

벽을 넘어 희망으로

교황님의 축복기도

강윤아 횡단 중 베네딕토 16세 교황님은 어떻게 만나신 건가요?

최창현 제가 '통일염원'이라는 슬로건을 걸고 이곳까지 왔으니, 교황님의 격려와 평화의 메시지를 받아 북한에 전달하고 싶다는 생각이 들어 무작정 교황청을 찾아갔습니다. 운이 좋게도 교황님의 비서실장 안젤로 코마스트리 대주교님을 만나, 교황님을 알현하고 싶다고 부탁했습니다. 나의 사연에 감동한 대주교님은 교황님을 직접 알현할 수 있도록 주선을 해주셨습니다. 미사가 끝난 후, 베네딕토 16세 교황님은 나의 손을 잡으시고,

남은 여정을 무사히 마치게 해달라는 축원 기도와 격려를 해주셨습니다.

강윤아 횡단 중 만난 영국 런던 기네스 세계기록본부 사장은

어떻게 만나게 된 건가요?

최창현   제가 하는 유럽횡단이 기네스 기록에 진정으로 오를 수 있는 것인지, 증명자료를 제대로 모으고 있는 것인지를 알고 싶어 영국에 도착한 김에 무작정 주소를 알아내서 찾아가 기네스 회사 사장을 만나게 되었습니다. 사장에게 횡단목적을 설명했더니, 대뜸 하는 소리가 기네스 기록에 등재가 불가능하다라는 것이었습니다.

우리 기네스 회사는 "사람이 도전할 수 있는 것을 등재 시키는 것이지, 사람으로서는 도전할 수 없는 것은 등재를 못 시킨다"라고 하였습니다. 저는 그 말을 듣고 포기하지 않고 사장을 설득하기 시작했습니다.

그리스에서 휠체어를 타고 이곳까지 온 것을 지금 보고 있지 않으냐? 내가 사람이 아니냐? 그리고 기네스 사가 하는 것이 무엇이냐? 사람들에게 도전과 희망을 심어주기 위해서 하는 것이 아니냐? 그런데 왜 내가 하는 횡단이 등재가 안 되느냐? 이렇게 말을 했더니 기네스 회사 사장이 한 번 있어봐라 하고 나가시더니,

좀 이따가 다시 들어와서 당신 말을 듣고 생각해봤는데, 등재시키겠다고 답변했습니다.

그런데 사장이 "어느 사람이 2만 킬로가 넘는 긴 거리를 입으로 조종하겠는가? 우리는 이런 기록이 없으니 분야를 새로 만들어서 신기록으로 올리겠다."라고 답변했습니다. 그렇게 말하더니 나에게 살짝 물어보았습니다. 진짜로 그리스에서 이곳까지 오면서 차량을 한 번도 이용하지 않았느냐? 솔직히 말해도 등재시켜주겠다는 것이었습니다.

나는 솔직하게 말했습니다. 맹세코 "나는 이곳까지 오면서 차량을 한 번도 이용한 적이 없다."

오직 휠체어로만 왔다고 하니 격려해 주고 선물도 주었습니다. 나도 관광청에서 받아온 우리나라 선물을 주었습니다. 그 후 인사를 하고 헤어지면서 이런 말을 해주었습니다.
"이 기록이 과연 세월이 흘러도 누군가가 깰 수 있을까요?

강윤아 당시의 유럽언론은 '유럽, 중동 횡단'을 어떻게 조명하고 평가했나요?

최창현 말 그대로 놀랐고 감탄했습니다. 가는 나라의 도시마다 언론의 조명을 받았습니다. 보통 5개 이상의 신문사와 방송사에서 취재해갔습니다. 횡단 중 신문기자나 방송 카메라가 인터뷰하는 바람에 종종 가던 길을 멈춰야 할 때도 있었습니다. "당신을 보면서 평화가 얼마나 소중한지를 알겠다."라고 말을 하는 분도 있었고, "당신이 진정한 슈퍼맨이다."라고 말을 해주는 분들도

있었습니다.

강윤아 '유럽, 중동 횡단'을 할 때 경찰의 에스코트 협조는 어땠나요?

최창현 동유럽, 서유럽, 남유럽 여기서는 너무 몸 둘 바를 모르도록 에스코트를 해주셨습니다. 마치 나라의 중요한 국빈을 에스코트하는 것처럼 예우해주었습니다. 다만, 북유럽의 핀란드, 노르웨이, 덴마크, 네덜란드, 영국 등 6개 나라에서는 에스코트를 전혀 받지는 못했습니다. 이유는 잘 모르겠습니다. (웃음)

강윤아 '유럽, 중동 횡단'중 가장 힘들었든 코스는 어디였나요?

최창현 프랑스에서 스페인으로 가는 피레네산맥을 넘을 때가 제일 힘들었습니다. 아니, 그보다 제일 힘들었던 것은 독일 베를린에서 유럽횡단을 마치고, 터키에서 아시아 횡단을 시작하다가 새로 도와주러 온 자원봉사자를 하늘로 떠나보낸 것이 제일 힘들었습니다. 육체적 고통은 참을 수 있습니다. 그러나 저를 도와준 자원봉사자가 불의의 사고로 당해 하늘나라로 간 것이 정신적으로 너무 아팠습니다.

강윤아 665일의 28,000km '유럽, 중동 횡단'을 성공하고 난 후, 어떤 느낌이셨나요?

최창현 성공했지만 마음이 너무 아팠습니다. 자원봉사자를 잃은 것. 그리고 이스라엘에서 횡단을 멈추고 귀국했다는 점이 아쉬웠습니다. 이스라엘에는 2007년 12월에 도착했는데, 당시 우리나라에서는 이명박 씨가 대통령으로 당선되었고, 외교부에서 저에게 더 이상 횡단을 지원하기 어려우니 입국할 것을 권고했기 때문입니다.

2006년 유럽횡단일지

그리스 시각 5월 14일 일요일

온도 32도, 종단거리 84.7KM am 11:00 ~ pm 7:40

Evippeas River - Chalkiades- Chara - Zapeo - Nee, Narie - Nikaia - Larisa - Elasone (MELOUNA 산)

Falsara 경찰서에서 편안하게 잘 쉬고 융숭한 대접과 에스코트를 받으면서 인사를 나누고 11시 경에 출발했다. 마을을 벗어나자 높고 낮은 언덕과 초록색 들판이 펼쳐졌다. 몇 km를 가지도 않았는데 눈앞에 너무 아름다운 전경이 펼쳐졌다. 초록색 들판에 노란 유채꽃과 새빨갛게 높은 들판이 있는 걸 보았다. 빨간색, 초록색, 노란색이 너무나 아름다워 나의 가던 길을 멈추게 했다. 그 빨간색 꽃을 경찰분에게 물어봤다. "빠빠로네" 라는 꽃이라고 했다. 너무나 아름다워서 길가에 있는 한 송이를 꺾어 내 조정기에 꽂아보며 출발하였다.

마음 같아서는 그 들판을 한국에 그대로 가지고 가고 싶었다. 그렇게 아름다움을 만끽한 기분도 잠시뿐, 목에 고통이 너무 심해져 목의 감각이 없어지는 것 같았다. 억지로 물고 있는 조정기를 놓을 수는 없고, 그래서 목을 억지로 좌우로 가로 저으면서 조정할 수밖에 없었다.

그러다 보니 입에 무는 조정기가 비틀비틀해지고, 전동휠체어도 약간씩은 좌우로 갈 수밖에 없었다. 진짜 조정기를 당장이라도 입에서 놓아버리고 싶은 심정은 굴뚝같았다. 거기에다가 들판이고 산길이다 보니 전부 날벌레들이 얼굴에 붙으니 왜 그렇게 가려운지. 그것도 모자라 바람에 날려 거미줄까지 얼굴에 붙어 어떻게 할 수 없는 지경이었다.

손을 쓸 수 있는 사람이면 간단하게 한번 손으로 쓸어버리면 그런 고통을 느낄 수도 없을 텐데, 그러지도 못하고 너무나 간지러워 조정기를 입에서 놓칠 지경이었다.

벽을 넘어 희망으로

강윤아 그밖에 가지고 계신 기네스 세계 신기록은 무엇인가
요?

최창현 2015년 제주도 255km를 24시간 잠도 자지 않고, 입으
로 휠체어를 조종하여 달린 기록이 기네스에 등재되어
있습니다. 미국의 장애인 데이비드 매쉬가 24시간 휠
체어로 달려 274km를 횡단했는데, 2017년에 그보다
6km를 앞선 280km를 울진에서 통일전망대까지 횡단
하여 기네스에 3번째로 등재되었습니다.

강윤아 기타 다르게 도전한 종주기록은 어떤 것이 있나요?

최창현 2022년 6월 키르기스스탄 이식쿨호수 550km 횡단입니
다. 이 횡단은 코로나로 인해 전 세계 사람들이 수도 없
이 목숨을 잃고, 실의에 빠져 있어서 세계인들에게 용기
와 희망을 심어주기 위해서 횡단을 기획했었습니다.

강윤아 지금 계획하고 있는 종단, 횡단의 계획은 있을까요?

최창현 한라에서 백두까지 38선을 통과해서 종주하는 것이 인

생 마지막 목표입니다. 우리 한반도는 휠체어를 타는 장애가 있는 제 몸과 같습니다. 신체를 잘 쓰지 못하는 것처럼 우리나라 땅덩어리도 몸으로 치면 한 몸인데, 허리에 철선을 놓아 둘로 나누어졌으니 나라 전체가 어찌 장애 상태가 아니라고 이야기 할 수 있겠습니다.

우리 한반도는 저와 똑같이 휠체어 타는 장애의 몸이라고 생각합니다. 그래서 저는 휠체어에 태극기를 꽂고 한라에서 백두까지 휠체어를 타고 둘로 나누어진 38선을 넘어서 한반도를 종주하는 것이 저의 꿈입니다.

어려운 사람들의 소리에 귀를 기울이고 소외된 사람이 없이 모두가 행복한 사회를 소망합니다. 약자에게 손가락질하는 것이 아니라, 따뜻한 손을 내밀어 주는 그런 세상을 만들고 싶습니다. 내가 불의 앞에 침묵하지 않는 이유입니다. 그러기 위해 나는 오늘 내가 할 수 있는 일에 최선을 다할 것입니다. 꿈꾸고 있는 한, 나의 도전은 멈추지 않습니다.

二

"휠체어로 한라에서 백두까지 통일대장정"이 추진될 수 있도록 도와주십시오.

제가 존경하는 문재인 대통령님은 평화의 대통령, 유일하게 전 세계에서 분단국가를 하나로 만드는 통일의 대통령이십니다. 또, 육로로 바다로 하늘로 막혀있던 모든 길을 여신 분입니다. 미국 대통령이 평양으로 초청되고 남북정상회담이 개최된 것도 하나 되는 평화의 역사를 만드는 길이기에 어떻게 표현할 수 없을 만큼 기쁩니다. 이것이 당연한 일이었는데 이제까지 그 누구도 해내지 못한 일을 대통령님이 하셨습니다. 이제야 비로소 하나가 되는 빛이 열렸다고 말할 수 있습니다.

대통령님께서 평창올림픽을 하나 되는 올림픽으로 만드셨습니다. 북한의 선수가 참가하여 우리나라 선수와 같이 개막식에 등장하고 단일팀을 만들어 출전하며 함께 응원도 했습니다. 또한, 패럴림픽에도 북한의 선수가 참가하게 했습니다. 이렇게 북한 선수들이 오고 가는 것도 통일의 문을 열게 하는 열쇠라고 생각합니다.

이러한 시기에 내 나라, 한반도 국민이 서로 왕래하는 것이 진정한 통일의 첫걸음이 되지 않겠습니까? 서독과 동독도 민간인들의 활발한 왕래가 있었습니다. 그로 인해 베를린 장벽도 무너뜨릴 수 있었습니다. 국가의 대통령을 초청되고 정치인·특사의 왕래도 중요하지만, 휠체어를 타고 한라에서 백두까지 가는 일도 통일의 역사에 문을 여는 중요한 발자취가 될 것입니다.

저는 입으로 전동휠체어를 조종하여 유럽과 중동의 35개국이라는 국경을 넘었습니다. 김대중 전 대통령 때부터 휠체어로 한라에서 백두까지 38선 넘는 것을 지금까지 추진해오고 있지만 이루어지지 않고 있습니다. 노무현 전 대통령 시절 이러한 제 생각을 외교부에서 받아주셔서 문명이 시작된 그리스에서 횡단을 시작해 유럽, 중동, 평양을 거쳐 38선을 넘어 서울로 돌아오기로 하였는데 중간에 노무현 대통령님의 임기가 종료되고 이명박이 대통령으로 당선되면서 아시아에서 횡단이 중단되고 말았습니다.

저는 우리나라 한반도가 제 몸과 같이 장애를 가졌다고 생각합니다. 38선으로 나누어져 서로가 왕래할 수 없기 때문입니다. 저처럼 휠체어를 타는 장애인과 한반도가 무슨 차이가 있겠습니까? 한반도가 하나 되는 일이야말로 한반도의 장애를 치료하게 될 것으로 생각합니다. 이것이 단지 저 한 사람의 개인적인 소망이 아니라는 것을 알아주셨으면 좋겠습니다. 내 나라, 한반도, 통일에 대한 깊은 마음을 담은 한 사람의 국민으로서의 소망과 한반도의 모든 장애인과 이산가족, 그리고 모든 국민의 소망이라고 저는 믿습니다.

북한에서 장애인 선수도 우리나라에 오는데 우리나라 중증장애인이 한라에서 38선을 넘어 백두산까지 가는 것이 어찌 불가능한 일이겠습니까? 통일에 대한 염원이 거국적인 이 시점에 대통령님과 청와대에서 '휠체어로 한라에서 백두까지 대장정'을 도와주시면 통일 한국을 만드는 데 일조하게 될 것이라고 믿습니다.

기네스 전시관 설립배경

강윤아 16년 최창현 기네스 전시관은 어떤 배경으로 만들게
되었나요?

최창현　뇌성마비 장애로 손발을 쓰지 못하는 제가 전동휠체어를 입으로 조정해서 유럽과 중동 35개국, 28,000km 횡단하여 기네스 세계기록에 등재된 것을 기념하기 위해 건립된 곳입니다.

건립 목적은 내일을 여는 어린이들에게 도전과 꿈을 심어주기 위해 전시관을 만들었습니다.

처음으로 국토종단 했을 때 탔던 전동휠체어와 유럽횡단에 탔던 전동휠체어가 전시되어 있으며, 유럽 35개국을 횡단하면서 겪은 에피소드, 특별한 만남이 글과 사진으로 소개되어 있습니다. 또, 유럽횡단 하면서 현지인과 현지 시장들로부터 받은 선물들, 격려의 메시지가 전시되어 있고 제가 방안 생활을 했을 적에 세상과 유일하게 소통했던 TV와 오디오를 전시했습니다. 손발을 못 쓰면서도 수집을 좋아해서 방안에서 모은 우표, 만화, 껌 종이 등도 같이 전시해놓았습니다.

강윤아　최창현 대표님의 이야기를 담은 동화도 있다던데 어떤 내용인가요?

최창현 저의 자전적 에세이 〈최창현 세상을 날다〉를 애니메이션으로 만든 것입니다. ▲꿈꾸는 소년 ▲세상 밖으로 ▲한계에 도전하다 ▲기네스에 도전하다 등으로 구성되어 있고, 각 편당 5~6분 분량으로 구성되어 있습니다. 네이버와 유튜브 등 검색창에서 '최창현'을 검색하면 볼 수 있습니다.

강윤아 계속해서 힘들게 길을 떠나는 이유는 무엇인가요? 너무 기네스 세계 기록에만 집착하는 건 아닌가요?

최창현 제가 길을 떠나는 것은 삶에 대한 도전입니다. '호기심'은 나를 탐구하고 도전하게 만들었고, 이러한 '도전의 고집'은 더 긍정적인 삶의 방향으로 이끌어 주었습니다. 저는 실의에 빠진 사람들에게 용기와 희망을 선물하고 싶습니다. 저의 도전을 본 누군가 다시 일어설 용기를 가질 수 있기를 소망합니다. 여러분은 가진 게 없는 것이 아니라, 많은 것을 갖고 있음을 잊지 말고 살아가기를 바랍니다. 살면서 힘들 때 저의 모습과 제가 한 말을 떠올리면서 여러분이 가진 것을 소중히 돌아볼 수 있으면 좋겠습니다.

저는 기네스 기록에 집착하지 않습니다. 유럽, 중동, 아시아 횡단도 애초에는 기네스 기록을 목적으로 한 것이 아니라, 통일을 염원하기 위해 준비한 것입니다. 당시 이런 일이 처음이라는 것을 알고, 기네스에 등재하려고 한 것입니다. 기네스 등재가 목적이 아니라, 도전의 열정 기록 수단에 불과합니다. 저의 도전은 열정의 기록입니다.

이쌍규 넘기 힘든 난제에 부딪혔을 때 그것을 해결하거나 풀어가는 최 대표님의 방법이 있나요?

최창현 넘을 수 없다는 마음이야말로, 넘을 수 없는 것입니다. 넘을 수 없다면, 땅 밑을 파서라도 넘어갈 수 있다는 자신감만 있으면, 못 넘을 것이 없다고 생각합니다. 저의 인생 슬로건은 I can do it (나는 할 수 있다)입니다.

이쌍규 도전정신을 꿈꾸는 청년들에게 해줄 말이 있나요?

최창현   처음 도전하겠다는 그 생각을 도중에 잃어버리지 않으면, 결승선을 내 것으로 만들 수 있습니다. 인생은 답이 없습니다. 내가 직접 그 답을 만들어내는 것입니다. 젊음은 모든 것에 도전할 수 있고 모든 것을 경험할 수 있기에 모든 것을 다 가졌다고 할 수 있습니다. 단지 여러분이 가지고 있는 것이 무엇인지를 알지 못할 뿐입니다. 여러분들 내면에서 강렬히 바라고 원하는 것이 무엇인지를 찾으십시오. 그리고 그것을 하십시오. 어려운 삶 속에서도 절망하지 않고, 상상해오던 꿈들의 조각을 투지와 집념으로 맞춰 완성하기를 바랍니

벽을 넘어 희망으로

다. 나의 부족한 이야기가 독자들에게 또 다른 자기만의 꿈의 퍼즐을 만들어내는 계기가 되길 바랍니다. 꿈은 꿈으로만 끝나지 않고, 언젠가 반드시 이루어집니다.

경험은 인생의 가장 큰 스승입니다. 실패도 좋으니 좌절도 좋고 무엇이든 괜찮으니 용기를 갖고 부딪쳐 보십시오. 위기를 겪고 나면 사람은 조금씩 단련되고 강해집니다. 길을 나서서 나는 사람들에게 희망의 메시지를 전하고 싶습니다. 장애가 있어도 이렇게 극복해 낼 수 있다는 것을 보여주고 싶습니다.

이쌍규 최 대표님의 도전 신화가 지금의 장애인에게 어떤 의미인지 한 말씀 해주신다면?

최창현 장애는 포기가 아니라, 또 다른 인생이고 또 다른 답을 찾는 것이라고 말하고 싶습니다. 일곱 가지의 색깔을 가진 무지개는 수만 가지의 아름다운 색을 만들 수 있습니다. 일곱 가지 색 중에 몇 개의 색깔이 빠지면, 수많은 색깔을 만들어 내지 못합니다. 일곱 가지의 아름다운 무지개색처럼, 장애인도 일곱 가지 무지개색처럼 살아야 합니다. 수만 가지의 색을 만드는 사람이 되어야 합니다. 도전의 무지개가 되어야 합니다.

이쌍규 혹시 최 대표님의 닉네임이 있나요? 있다면 무슨 의미인가요?

최창현 행운입니다. 그러니까 'lucky'지요. 노래 제목도 있습니다. '행운을 주는 사나이'라는 노래는 어릴 때 방 안에 있을 때부터 처음 들었고, 좋아하는 가사입니다. 저를 아는 사람들에게 '행운과 행복'을 주고 싶다는 그런 마음이 어릴 적부터 있었기 때문입니다.

이쌍규 20대, 30대, 40대, 50대를 각각 하나의 단어나 문장으로 특정한다면?

최창현 20대는 꿈을 꾼다.
30대는 꿈꿔왔던 것을 실천한다.
40대는 새로운 것에 도전하고, 새로운 꿈을 펼친다.
50대는 또 다른 새로운 것을 창조한다.

벽을 넘어 희망으로

이쌍규 최 대표님의 좌우명이나 좋아하는 사자성어가 있을까요?

최창현 좌우명은 '내 자신이 재산이요, 큰 뒷배이다' 입니다. 좋아하는 사자성어는 언행일치(言行一致)입니다. 말과 행동이 같아야 합니다. 행동으로 옮기지 않을 것이면, 입 바깥으로 말을 꺼내지 말아야 합니다. 내뱉은 말과 실제로 행동한 것이 어긋나지 않고 꼭 맞아야 합니다. 말을 함부로 해서는 안 된다는 것은 실천의 중요성을 강조하기 위함입니다. 저는 언행불일치(言行不一致) 되는 사람을 싫어합니다.

이쌍규 인생에서 현재의 나를 만들어 준 결정적 시기 또는 사건을 꼽는다면?

최창현 첫째는 장애입니다.
둘째는 장애인들이 생활하고 있는 시설의 열악한 현실입니다.
셋째는 당사자에게 맞는 장애인 자립제도의 마련입니다.
넷째는 나를 믿고 도와준 수많은 사람의 관심과 사랑입니다.

최창현 비례대표 예비후보
사용설명서

강윤아 본인의 삶을 5가지 키워드로 정리할 수 있을까요?

최창현 도전했습니다.

노력했습니다.

희망을 나누었습니다.

나눔을 실천했습니다.

행복을 더불어 추구했습니다.

강윤아 최대표님의 인생에서 가장 뿌듯했던 순간은 언제인가
요?

최창현 일본열도 종단입니다. 우리나라를 침략했던 일본에 가서 우리나라 태극기를 휘날리고, 일본인들에게 놀라움과 희망을 심어주었기 때문입니다.

강윤아 최 대표님의 인생에서 가장 후회되는 순간이 있나요?

최창현 중동 횡단 시작했을 때, 불의의 사고로 자원봉사자가 하늘나라로 갔을 때 가장 후회됩니다.

4부 끊임없는 도전, 집념의 화신

강윤아 최창현을 형용사로 표현하면 무엇인가요?

최창현 큰 바위 얼굴이다.

끊임없이 도전하는 오뚝이 스타일이다.

실패와 좌절을 일도 모른다.

안 되는 걸 되게 하는 사람이다.

강윤아 인간 최창현을 어떤 사람이라고 소개하고 싶으신가요?

최창현 참 어려운데... 어려운 사람들의 마음에 히어로 역할을 해주는 마음이 착한 사람입니다. 그냥 주변 사람들에게 웃음과 희망을 줄 수 있는 사람이 되고 싶고, 나중에 지역사회에서 그 정도 위상을 가지고 자그마한 마을에 하나의 성원이 될 수 있는 그런 사람이고 되고 싶습니다. 웃음과 희망을 주는 사람입니다.

강윤아 술 주량은 어느 정도인가요? 주로 어떤 종류의 술을 좋아하시나요?

최창현 술을 즐기지 않습니다. 그러나 기분 좋은 일이 생기면, 소주 한두 잔은 즐겁게 마십니다.

강윤아 가장 감명 깊게 본 영화는 무엇인가요?

최창현 기억에 남는 영화는 헬렌 켈러[23] 이야기를 담은 '미라클 워커(1962)'입니다. 헬렌 켈러의 스승인 설리번 선생님이 주인공인 영화입니다. 헬렌 켈러는 듣지도 보지도 말도 못 하지만, 앤 설리번의 교육으로 마침내 'water'를 이해하는 극적인 상황이 생기고, 언어를 습득하게 됩니다. 앤 설리번 선생님의 헌신적이고 완강한 교육이 없었더라면, 헬렌 켈러는 장애를 극복하고 말을 할 수 있는 순간이 오지 못했을 것 같습니다.

강윤아 좋아하는 가수가 있으신가요? 18번 애창곡은?

---

23 헬런 애덤스 켈러(영어: Helen Adams Keller, 1880년 6월 27일 ~ 1968년 6월 1일)는 미국의 작가, 교육자이자 사회주의 운동가이다. 그녀는 인문계 학사 학위를 받은 최초의 시각, 청각 시청각장애인이다. 헬렌 켈러의 장애로 인해 가지고 있던 언어적 문제를 앤 설리번 선생과 자신의 노력으로 극복한 유년시절을 다룬 영화《미라클 워커》로 인해 그녀의 이야기는 전 세계적으로 널리 알려지게 되었다.

최창현 좋아하는 가수는 이태호[24]이고. 18번 애창곡은 '행운의 사나이'입니다. 노래를 부르는 것보다는 듣는 것을 좋아합니다.

강윤아 본인의 성격 유형 MBTI을 알고 계시나요?

최창현 인터넷에서 검사해보니 'ENTP'입니다. 맞는 것 같기도 하고, 틀린 것 같기도 하고 여러분들이 판단해주시기를 바랍니다. 긍정적으로 평가해주세요. (웃음)

"뜨거운 논쟁을 즐기는 변론가, 발명가형. ENTP는 특유의 능글거리면서 경쾌한 성격과 문제의 본질을 파악하고 논리적으로 판단하려는 기질이 있고, 어느 곳에서나 적응력이 빠른 성격이다. 본인이 구상하는 바를 실현하고 싶어 하는 기질이 강하며, 여기에 특유의 아웃사이더적인 성격까지 겹쳐 그야말로 혁명가의 기질을 띠고 있다. 모든 분야에 있어서, 기존의 체제 자체를 뒤집어 버리거나, 분야 전체의 도약을 이루어내는

---

24 대한민국의 트로트 가수 및 싱어송 라이터. 2006년 제13회 대한민국 연예예술상 연예인 봉사상을 수상하였다.

인물들이 많다. 위풍당당하고 논리적인 언행, 당차고 경쾌하며 소신 있는 성격, 엉뚱한 모습과 자신감 넘치는 태도, 최상위권의 지능을 활용한 아이디어 및 임기응변, 재치 있는 말솜씨 등으로 인해 주변에서 인기가 많고 분위기를 당당하게 주도하며 강강약약 스타일이 된다.”

강윤아 최 대표님을 도와주는 사람들은 누구인가요?

최창현 장애인 운동을 하면서 만난 여러 후원자와 전문가들이 저를 도와주고 있습니다. 그들의 도움 없이는 새로운 도전을 할 수 없습니다. 장애인 운동의 상생 파트너들입니다.

강윤아 인생 선배로서 청년들에게 한마디 하신다면?

최창현 도전해야 합니다.
타인을 배려해야 합니다.
욱하는 다혈질을 버려야 합니다.
뭘 하나 결정을 하더라도, 깊게 생각해야 합니다.

강윤아 오늘 하루만 사신다면 가장 먼저 하고 싶은 일은 무엇
인가요?

최창현 신에게 감사기도를 먼저 드리겠습니다. 장애가 있었지만,
많은 도전의 기회를 주신 것을 감사드리고 싶습니다.

강윤아 최 대표님은 평소에 쉴 때는 무엇을 하고 쉬시나요?

최창현 TV를 보거나, 생동감 넘치는 사람이 많이 있는 거리를
다니기 좋아합니다.

강윤아 정치인은 무엇을 하는 사람이라 생각하시나요?

벽을 넘어 희망으로

최창현   정치인은 잘 듣는 사람입니다. 잘 들었던 내용들을 행동으로 실천하는 사람입니다. 그렇게 국민과 지자체의 문제를 해결하여, 문제를 해결할 수 있다는 희망을 만들어내는 사람이 바로 정치인입니다.

강윤아   정치인이 된 미래의 자신에게 해주고 싶은 조언이 있다면?

최창현   국회의원 배지를 하루라도 달지언정, 소신 있게 불의와 타협하지 말라고 이야기하고 싶습니다.

강윤아   국민들에게 비례대표 국회의원 출마를 하는 최창현을 잘 써먹을 수 있는 방법을 알려주세요.

최창현   제가 잘 모르겠습니다. 이번에 출판한 책에 제 생각이 다 들어 있습니다. 먼저 저를 편견 없이 이해해주시면 좋겠습니다. 어느 장애 운동가의 솔직한 자전적인 인터뷰 대담 책입니다. 장애 없는 세상을 위해 더 열심히 노력하겠습니다.

국민에게 부탁 말씀

강윤아 마지막으로 최창현을 지지해주는 국민에게 한 말씀 부탁드립니다.

최창현 여러분들 덕분에 '불가능'이 '가능'으로 바뀌는 삶을 살았습니다. 여러분들이 저를 믿고 인정해주신 그 힘이 있기에 불가능을 가능하게 만들었다고 생각합니다. 삼십 년이나 방 안에 있다가 세상 바깥으로 나와 무모한 일에도 도전하고 비난받아가면서 왜 그렇게 앞장서서 치열하게 살았느냐는 질문을 저 자신한테 물었습니다.

답은 이것이었습니다.

이 세상에 아무도 없고 나 한 사람이 무인도에 산다고 생각하면 과연 어떻게 살까요? 나 자신을 꾸미고 미래를 꿈꾸었을까요?

아닙니다.

동물처럼 배만 부르면 되었지, 미래는 생각하지 못했을 것입니다. 동료가 있고 이웃이 있고, 같은 사람들이 존재하고 있기에 내가 꿈을 꾸고 미래를 바꾸려고 노력한 것입니다. 이 세상에 장애가 있는 사람이 저 혼자였다면, 과연 제가 그렇게 제도를 만들려고 노력하고 비난받아가면서 싸웠을까요?

아닙니다.

나 혼자 장애인이 아니라 동료가 있고, 또 다른 소외된 장애인들이 있기에 그들을 위해 내가 새로운 미래를 열겠다는 그 꿈이 있었기에 싸울 수 있었고 제도를 만들 수가 있었습니다.

사람은 혼자서는 살 수가 없습니다. 같은 사람이 있기에 마을을 만들고 동네를 만들고
나라를 세운 것처럼 여러분들이 있기에 제가 있고 미래를 만들 수 있는 것입니다

이처럼 우리 밝은 내일은 멈추지 않고 앞으로 나갈 것입니다. 저를 응원해주는 국민도 이 땅에 동지가 있기에 더욱더 열심히 노력하고 장애인들의 삶에 에너지가 되는 역할을 하겠습니다.

저는 다시 희망을 품고 도전을 시작하고자 합니다. 아직 부족합니다. 그러나 좌절하지 않겠습니다. 나, 너, 우리의 희망을 만들기 위해 국민께서 함께 함께해 주시면, 아마 우리 대한민국이 추락의 벼랑에서 도약의 길로 확실하게 방향을 틀 수 있다고 믿어 의심치 않습니다.

불가능한 미래는 없습니다. 국민의 선택과 지혜를 믿습니다. 잘 부탁드립니다.

이쌍규/강윤아   수고하셨습니다. 감사합니다.

4부 끊임없는 도전, 집념의 화신

에필로그

최창현 대표는 필자와 구면이 있다. 어느 지인의 추천으로 최 대표 고민을 자문하기 위해 만난 적이 있다. 어릴 때부터 팔과 다리를 쓸 수 없고, 말이 어눌한 뇌성마비의 최 대표를 만나는 것이 사실, 조금은 불편했다. 그는 술을 좋아하는 나를 배려하기 위해 술자리에서 만나자고 제안했다. 그는 술을 즐기지 않는 사람이었지만, 소통과 공감을 위해 소주 한 잔을 먹는 사람이었다. 배려심이 있는 사람이다.

술자리의 대화가 처음에는 불편하였지만, 진솔한 그의 고민을 들으면서 편견이 하나둘씩 사라지기 시작했다. 그는 표현 전달력이 남들보다 조금 느리다. 느리게 길을 걸어간다고, 길을 잃어버린 것이 아니듯이, 그는 소통 능력이 강한 사람이다.

사실 그는 언론에 비친 영향으로 '강성 장애인 인권운동가'

라는 이미지가 강하다. 그런데 꼼꼼히 다시 생각해보면, 뇌성마비 장애인이 할 수 있는 문제해결 방법이 비장애인보다 많지는 않다. 최 대표도 합법적인 대화 방법으로 소통을 진행하고 싶어 한다. 그러나 현실은 그렇지 않다. 장애인과 대화 자체를 무조건 거부하거나, 무시하는 경우가 많다. 그에게는 소통의 단절 경험이 많다. 그에 대한 강성이미지는 장애인 운동의 열악한 환경요인에 대한 몰이해에서 비롯된 것이 많다.

그는 대구를 장애인 편의시설 개선의 메카로 만든 배리어프리(barrier free) 운동의 선구자다. 사람들이 그를 '장애인 편의시설 개선 운동가'로 보지만, 실제로는 분리·차별문화 철폐운동의 사회운동가이다. 장애인만의 문제가 아니라, 비장애인의 사회적 약자를 함께 공생 연대하는 사회·문화 운동을 전개한다. 그는 항상 주장한다. "나는 장애인이 아니라, 국민이다." 그는 '장애'란 혐오나 동정과 같은 부정적인 의미가 아니라, 장애는 도전이라고 생각하는 긍정적인 마인드를 가진 사람이다.

그가 장애인 편의시설 개선을 촉구한 곳은 한두 곳이 아니다. 대구 전 지역에 그의 헌신과 노력의 땀이 깃들여 있다. 관공서, 경찰서, 법원, 검찰, 교육청, 대구시 8개 구군, 혁신도시,

택지개발지구, 은행, 우체국, 민간기업, 지하철과 철도 등에 장애인 편의 증진의 구체적인 시설이 설치되어있다. 대구 외 지자체 편의시설개선에도 영향을 미쳤다. 그의 장애인 편의시설의 개선촉구는 지역 구분이 따로 필요 없다. 대한민국 전체가 장애인 편의시설 개선 운동의 대상 지역이라고 생각하는 사람이다.

최 대표는 장애인 독립생활의 '당사자주의'를 제도화한 사람이다. 장애인도 인간답게 사는 인간으로서의 '헌법적인 삶'을 누려야 한다고 주장한다. 그 주장을 관철하기 위해 국토종단을 매번 시도한다. 걸어 다니는 인간 스피커의 홍보 효과를 노린 마케팅의 홍보 능력을 갖춘 사람이다. 그는 누군가가 앞장서지 않고, 누군가가 십자가를 지는 사람이 없으면, 새로운 것을 시작할 수 없다고 생각하는 사람이다. 항상 절박한 마음으로 시작하고 부딪히고 싸운다. 그는 장애인 버스 타기 운동을 통해 대구에 전국 최초 저상버스를 도입하였다. 장애인 버스 타기는 장애인의 이동권과 생존권을 위한 것이다. 그는 저상버스 운동을 처음으로 시작한 도전과 혁신을 추구하는 장애인 사회운동가이다.

그는 좀처럼 장애인 시설의 불의와 타협하지 않는다. 장애인 권리를 되찾아준다는 신념으로 국민의 정부가 들어선 이후 98년「김대중 대통령 국민과의 대화」에서 방청석에 앉아, 김대중 대통령에게 96년 이후 5백30여 일이 넘도록 파행으로 치닫고 있는 에바다 사태의 완전한 해결을 촉구하여 96년부터 시작된 '에바다 농아원 사태'를 해결하는 계기를 만들었다. 그 후 지역의 청암재단 사태 해결의 전기도 마련해주었다.

최 대표는 장애인 운동을 하면서 민주주의 수호의 정치 운동을 병행하는 사회운동가이다. 그는 복지도 정치라고 생각한다. 복지가 잘되어야 국민이 존재하고, 나라가 존재한다. 모든 삶의 개선이 복지이다. 가정을 잘 이끌어 나가는 것도 복지이고, 나라를 잘 이끌어 나가는 것도 국가의 복지라고 생각한다. 그래서 장애인도 대한민국 국민이자, 주권자라고 주장한다. 그는 장애인 정책은 대한민국 정책의 한 부분이라고 생각한다. 멀리 종합적으로 바라보아야 한다. 장애인복지는 대한민국의 변화와 발전이 없이 성장과 변화가 불가능하다. 나무만 보거나 숲만 보는 것이 아니라, 하지만 숲과 나무를 종합적인 바라보는 전략적 사고가 필요하다고 주장한다.

그는 정치 운동의 이슈에 대응할 때는 정파적 이익을 추구하지 않는다. 국민이 동의하는 보편타당한 정치 이슈에만 참가한다. 보편성을 가지는 않는 정치 운동은 그가 실현하는 장애인 운동의 목표에 해가 될 수 있다고 생각한다. 이러한 원칙을 가지고 그는 장애인 운동과 정치 운동을 함께 실천한다.

그는 속 깊은 합리적 진보주의자다. 고집만 부리는 과격한 장애인 운동가가 아니라, 대한민국의 헌법적 가치를 존중하는 평범한 국민이다. 항상 그는 장애인이 아니라, 국민으로서 저항한다. 비장애인처럼 손과 발, 입을 자유롭게 사용하지 못하는 관계로, 그만의 언어로 표현한다. 바로 그의 언어는 행동이다. 실천이다. 그의 각종 횡단의 의미는 어떤 때는 '희망의 언어'이기도 하고, 또 어떤 때는 '저항의 언어'이기도 한다.

공무원들은 사실 그를 좋아하지 않는다. 그를 '극진보주의자'라고 생각한다. 그의 토론방식이 위협적이고, 전쟁치를 기세라고 비판한다. 이것은 열악한 장애인 운동의 환경적 요인에서 비롯된 오해이다. 그는 장애인 운동을 할 때 '합리성 소통'을 중요시한다. 먼저 절차와 과정을 우선시한다. 그런데 간혹 공무원이 장애인이라는 이유로 무시하거나, 배척하는 경우가 있다. 그럴 때는 그의 투쟁 강도가 달라진다. 황소와 호랑이처

럼 강력하게 요구하고 비판한다. 요구사항이 받아들일 때까지
끝까지 투쟁한다.

어떤 이는 그가 기네스 기록에 집착한다고 비판한다. 유럽,
중동, 아시아 횡단도 애초에는 기네스 기록을 목적으로 한 것
이 아니라, 통일을 염원하기 위해 준비했다. 당시 이런 일이 처
음이라는 것을 알고, 기네스에 등재하려고 한 것뿐이다. 기네
스 등재가 목적이 아니라, 도전의 열정 기록이 중요할 뿐이다.

그는 알맹이 없는 법안이 아니라, 알이 꽉 차 있는 민생 법안
을 만드는 역할이 진정한 참 정치인이자, 국민의 심부름꾼이라
고 생각한다. 민생은 국민의 삶이다. 정치는 국민의 삶을 좀 더
행복하고 편안하게 하려고 벌이는 경쟁이다. 누가 자신의 가치
에 맞는, 정책과 노력을 가지고 국민의 삶을 편안하게 할까 놓
고 하는 정책 경쟁이다. 그게 민생이고, 그 민생을 잘해야 하는
것이 정치의 속성이고, 정치의 본질이라고 생각한다. 국민 한
사람 한 사람의 색깔에 맞게 구체적으로 국민의 요구를 맞추
어 주는 것이 '맞춤식 민생 재단사'가 되어야 한다는 것이 민생
정책 기본이라고 그는 생각한다.

그는 새로운 도전을 준비한다. 당에 들어가서 정치를 직접

해본 적이 없지만, 비례대표 국회의원 선출에 도전한다. 쉽지 않은 정치적 결정이다. 그러나 나는 그의 열정과 도전을 믿는 다. 장애인 당사자로서 당사자에게 맞는 맞춤식 장애인 정책 법안을 만들 정책적 능력과 실천이 있다고 생각한다. 최근 대 한민국 시각장애인 피아니스트 출신인 국민의힘 21대 김예지 국회의원의 의정활동을 보고 더 결심을 굳히게 되었다. 김 의 원의 사례를 비추어 봐도 비록 중증장애인이지만, 국회 의정활 동을 수행하는 데는 큰 문제가 되지 않는다는 판단이 섰기 때 문이다.

전문성이나 대표성 없이 감동적인 이야깃거리 중심의 인물 을 비례대표로 선출할 것이 아니라, 진정으로 장애인계를 대 변할 수 있는 인물을 내세워야 한다. '복지에서 문화로', '남성 중심에서 여성 중심으로', '단체장에서 전문가로', '경증장애에 서 중증장애로' 변화해야 한다. 장애인비례대표가 단순한 약 자 구색 갖추기가 아니라, 장애인을 위한 비전과 함께 그 실행 을 위한 구체적인 방안을 제시할 수 있는 역량을 갖춘 장애인 으로 영입되어야 한다. 장애인 비례대표는 장애인계를 잘 알아 야 하고, 전문성과 도덕성이 있는 인물이어야 한다. 장애인복 지의 노동정책 · 노령 장애인 정책 등 새로운 콘텐츠로 승부를 걸 수 있는 인물이 영입되어야 한다. 그 영입 대상의 한사람이 최창현 대표가 감히 생각한다.

결핍을 넘어서 희망의 담대한 도전을 시작한 그의 열정을 믿는다. 장애인 운동에 대한 소명과 사명과 책임이 있는 최창현 대표 같은 사람이 비례대표 국회의원 정치를 했으면 좋겠다. 그는 희망을 만드는 슈퍼맨 같은 영웅이다. 그의 닉네임처럼 행운을 빈다. 마지막으로 그의 담대한 도전에 그가 좋아하는 '헬렌 켈러'의 말로서 응원하고자 한다.

"인간의 성격은 편안한 생활 속에서는 발전할 수 없다. 시련과 고생을 통해서 인간의 정신은 단련되고 또한 어떤 일을 똑똑히 판단할 힘이 길러지며 더욱 큰 야망을 품고 그것을 성공시킬 수 있는 것이다. 희망은 인간을 성공으로 인도하는 신앙이다. 희망이 없으면, 아무것도 이룰 수도 없다."

– 23년 추운 겨울날 인터뷰어 이쌍규 씀

최창현 대표 활동 연대기

1995년~1999년

- 장애인인권찾기회 "밝은 내일회"설립
- 대구교육청 중학교 입학자격 검정고시 합격
- 대선후보자 등 선거 때마다 대구시장후보자(지방자치단체 장) 장애 체험
- 대구장애우권익문제연구소 장애우대학 1차 6기 과정 수료
- 대구교육청 고등학교 입학자격 검정고시 합격
- 월드컵성공개최를 위한 1,500km 국토종단

2000년~2005년

- LA에서 뉴욕까지 5,500km 미주횡단
- 은행 문턱 없애기 장애인 편의시설 개선 운동 전개
- 정립회관 정립 동료 상담학교 기초/심화과정 이수

벽을 넘어 희망으로

- 대구U대회 성공 기원 일본 3,400km 횡단
- 중증장애인 독립생활 운동하여 전국 10개 지역 시범사업으로 도입
- 노무현 대통령 탄핵 철회 국토종단
- 보건복지부 중증장애인 자립 생활 지원 사업 시범사업자로 선정
- 우리나라 최초 전동 휠체어 축구단 창단

2006년~2010년

- 지방선거 대구 시장후보들 장애 체험 시 대구 장애인 나드리콜 도입 약속 받음
- 유럽과 중동 35개국 28,000km 횡단
- 사)한국뇌병변장애인인권협회 대구지부 부설 '실천하는 장애인 자립생활센터' 설립
- '입으로 전동 휠체어 조종 세계 최장 거리 횡단' 기네스 세계기록 등재
- KBS장악 규탄 국토종단
- 언론 악법 저지를 위한 전군 순회 국토종단
- 광우병 쇠고기 반대시위 폭력으로 진압한 이명박 대통령 중앙지검에 고발장 접수

- 전국에서 처음으로 SK 통신업체 전국 대리점 출입구 경사로 설치

2011년~2015년
- 중증장애인 자립생활 지원 사업자로 선정
- KT 전국 대리점 출입구 경사로 설치
- "입으로 전동 휠체어 조종 24시간 동안 최장거리" 기네스 세계기록 등재
- 일본의 독도침탈규탄 대마도까지 국토종단
- 문창극 국무총리 반대 1인시위
- 대구물포럼 성공기원 경주까지 국토종단
- 역사 교과서 국정화 반대 국토종단

2016년~현재까지
- 최창현 기네스전시관 개관 및 운영
- LGU+전국 대리점 출입구 경사로 설치
- "전동 휠체어 조종 24시간 동안 최장거리" 기네스 세계기록 등재 성공
- 국민의당 대구시당 공동위원장 역임
- 24시간 동안 입으로 전동 휠체어 조종 동해안 일대 최장

거리 횡단 기네스기록 등재

- 한국 장애인 자립생활센터 총 연맹 부회장 직임
- 한국 장애인 IL 노동조합 대구 본부장 직임
- 더불어민주당 "장애인제도개혁특보 위원회" 임명
- 더불어민주당 대한민국 대전환선거대책위원회 "더 좋은 시민위원회 위원장" 임명
- 중앙아시아 키르키스스탄 이식쿨호수 500km 휠체어 횡단 진행
- 광화문에서 홍범도 장군 지키기와 일본 후쿠시마 핵오염수 투기 반대 1인시위

- (사)밝은내일IL종합지원센터 대표
- 한국 배리어프리(BARRIER FREE) 연구소 소장